潜能开发
青少年思维
能力训练丛书

越玩越聪明的
成语游戏

邓丽云 主编

知识出版社
Knowledge Publishing House

图书在版编目（CIP）数据

越玩越聪明的成语游戏 / 邓丽云主编. -- 北京：知识出版社，2019.11
（潜能开发青少年思维能力训练丛书）
ISBN 978-7-5215-0088-2

Ⅰ．①越… Ⅱ．①邓… Ⅲ．①智力游戏—青少年读物 Ⅳ．①G898.2

中国版本图书馆CIP数据核字(2019)第250457号

越玩越聪明的成语游戏　邓丽云　主编

出 版 人	姜钦云
责任编辑	王云霞
策划编辑	田荣尚
特约编辑	宁莲佳
装帧设计	张雅蓉
出版发行	知识出版社
地　　址	北京市西城区阜成门北大街17号
邮　　编	100037
电　　话	010-88390659
印　　刷	南昌市红星印刷有限公司
开　　本	710mm×1000mm　1/16
印　　张	10
字　　数	160千字
版　　次	2019年11月第1版
印　　次	2019年11月第1次印刷
书　　号	ISBN 978-7-5215-0088-2
定　　价	36.00元

版权所有　翻印必究

前言

大脑是人体最复杂的器官，它不仅主导着人的思想，还控制着人的感觉、情绪和反应，主宰着人一生的发展。让大脑蕴藏的潜能得到充分的开发，是一个人走向成功的关键。

如同人的躯体一样，大脑也可以通过训练来获得更好的发展，变得更聪明、更具有创造性。而6~15岁就是开发大脑潜能的黄金时期，是青少年养成爱思考、会思考好习惯的关键阶段。为了让孩子们爱思考、会思考、勤思考，并将这种好习惯带到学习中去，根据青少年这一阶段身心发育的特点，我们特别打造了这套"潜能开发·青少年思维能力训练"丛书，针对孩子不同的思维能力和思维方式，进行定点、定项、定目标的系统训练。

"潜能开发·青少年思维能力训练"丛书共10本，包括《越玩越聪明的谜语游戏》《越玩越聪明的思维游戏》《越玩越聪明的数学游戏》《越玩越聪明的脑筋急转弯》《越玩越聪明的趣味实验》《越玩越聪明的火柴棍游戏》《越玩越聪明的成语游戏》《越玩越聪明的填字游戏》《越玩越聪明的左脑游戏》和《越玩越聪明的右脑游戏》，主题多样，题型丰富，是一套科学、系统、有趣的思维训练工具书。

"潜能开发·青少年思维能力训练"丛书不仅可以全方位地培养孩子的思维能力，还可以根据孩子自身的思维特点，有重点地进行思维训练，取长补短，培养良好的思维习惯。本丛书图文结合，寓教于乐，既增强了趣味性，又扩大了孩子的知识面，让他们在玩乐中调动学习兴趣，循序渐进地培养良好的思维习惯，成为真正的思维高手！

编　者

2019 年 10 月

目录

第一章　成语接龙 ……………………… 001

第二章　成语填字 ……………………… 035

第三章　故事猜成语 …………………… 077

第四章　看图猜成语 …………………… 105

第五章　灯谜猜成语 129

参考答案 139

第一章

成语接龙

同字成语接龙

爱不释手 → 手不释卷 → 卷土重来 → 长方日来 → 月累年长 → 稀星明月 → 怪古奇稀 → 怪诞不经 → 经久不息 → 息息相关 → 关怀备至 → 上无高至 → 心一下上 → 放怒花心 → 流自任放 → 流连忘返 → 返璞归真 → 真相大白 → 白云苍狗 → 势人仗狗 → 立两不势 → 影见竿立

第一章·成语接龙

成语密码

爱不释手：特别喜欢某种事物，舍不得放下。
【近义词】手不释卷
【反义词】弃如敝屣、不屑一顾
【造　句】这个布娃娃是妹妹爱不释手的宝贝。

手不释卷：指书本不离手。形容勤奋好学。
【近义词】孜孜不倦、学而不厌
【反义词】不学无术
【造　句】马上就要高考了，许多学生一天到晚手不释卷。

卷土重来：指遭遇失败以后重新恢复势力。
【近义词】东山再起
【反义词】偃旗息鼓
【造　句】敌人依然没有死心，还在妄想卷土重来。

来日方长：意为未来的日子还很长，有无限的可能。
【近义词】前途无量
【造　句】我们还年轻，来日方长，未来还有很多机会等着我们。

长年累月：形容经过了很多年月。
【近义词】天长日久
【反义词】一朝一夕
【造　句】为了生活，他长年累月在外奔波。

月明星稀：月亮十分明亮，星星十分稀疏。指月光明亮时的景象。
【近义词】月朗星稀
【造　句】到了晚上，月明星稀，四周只有青蛙唱歌的声音。

稀奇古怪：少见，不同一般，十分稀有。
【近义词】千奇百怪
【反义词】平淡无奇
【造　句】他是一个孩子，总有许多稀奇古怪的想法。

怪诞不经：指十分奇怪荒唐，不符合常理。
【近义词】荒谬绝伦
【反义词】合情合理
【造　句】这个地方有一个怪诞不经的传说。

经久不息：指动作或状态延绵不绝，久久没有停止。
【近义词】经久不衰
【反义词】戛然而止
【造　句】舞台下响起了经久不息的掌声。

息息相关：呼吸也相互关联，形容双方的关系非常密切。
【近义词】休戚与共
【反义词】各不相关
【造　句】环境保护与人类生活息息相关。

关怀备至：指十分关心。
【近义词】体贴入微
【反义词】漠不关心
【造　句】生病的时候，同学们都对我关怀备至。

至高无上：等级、地位等到达了极限，再也没有更高的了。
【近义词】登峰造极
【造　句】在中国古代，皇帝拥有至高无上的权力。

第一章·成语接龙

上下一心： 上上下下一条心。指思想一致。
【近义词】万众一心
【造　句】只要我们上下一心，就不怕任何艰难险阻。

心花怒放： 形容内心十分高兴。
【近义词】兴高采烈、欣喜若狂
【反义词】闷闷不乐、愁眉苦脸
【造　句】难题终于攻克了，他不由得心花怒放，喜笑颜开。

放任自流： 任凭事物自由发展，不进行任何干涉或约束，多为贬义。
【近义词】听之任之
【反义词】防微杜渐
【造　句】家长要好好教育孩子，不能放任自流。

流连忘返： 留恋不止，迟迟不愿意离开。
【近义词】依依不舍
【造　句】这里风景如画，让人流连忘返。

返璞归真： 去掉外表的装饰，回到最质朴、纯真的状态。
【近义词】抱素怀朴
【造　句】返璞归真是许多人向往的人生境界。

真相大白： 事情的真实情况完全清楚明白了。
【近义词】水落石出
【造　句】再精巧的骗局，也有真相大白的一天。

白云苍狗：浮云像白色的衣裳，转瞬间又变得像灰色的狗。形容世事变幻无常。

【近义词】瞬息万变

【反义词】一成不变

【造　句】近几十年来，国际形势沧桑变化，真可谓白云苍狗。

狗仗人势：比喻坏人依靠某种强大的势力欺辱他人。

【近义词】仗势欺人

【造　句】他没兴趣跟这种狗仗人势的势利小人说话。

势不两立：双方处在尖锐矛盾的状态，不可调和，不可并存。

【近义词】势如水火

【反义词】情同手足

【造　句】我们和为非作歹的不法分子势不两立。

立竿见影：在太阳下竖起竿子，马上就能看见影子。比喻功效显著迅速。

【近义词】卓有成效

【反义词】劳而无功

【造　句】小明改进了学习方法后，学习效果立竿见影。

成语故事

孙权劝学

吕蒙，东汉末年名将，是孙权的得力助手之一。

在一次谈话中，孙权苦口婆心地对吕蒙说："你现在担任着重要的职位，一定要多加学习！"吕蒙听后不以为意，以军务繁忙为理由来推托。见到吕蒙毫不在意的样子，孙权说："我并没有让你拼命读书而成为大学者，只是让你多读书，多了解知识而已。汉光武帝从前在军队里打仗的时候，军情紧急还常常手不释卷。你说自己军务繁忙没有时间学习，难道你比我的事情还多吗？我常常抽空读书，有很多收获。"听了孙权的劝勉，吕蒙开始学习了。

后来，鲁肃路过寻阳，与吕蒙谈论起天下大事。听了吕蒙的发言，鲁肃感到十分惊讶，对吕蒙说："你如今的知识与谋略，已经不是过去的你能相比的了！"吕蒙回答说："与君子分别几天后，就要用新的眼光重新看待了。兄长您对此了解得太晚了啊！"

同字成语接龙练习

海阔天☐ 穴来☐

吹

风淡☐ 青步☐ 不抱☐ 雨

☐

而易☐ 案齐☐ 飞色☐ 文

弄

☐之 寸☐ 矩圆☐ 成守☐

动

山☐ 尾乞☐ 香惜玉

第一章·成语接龙

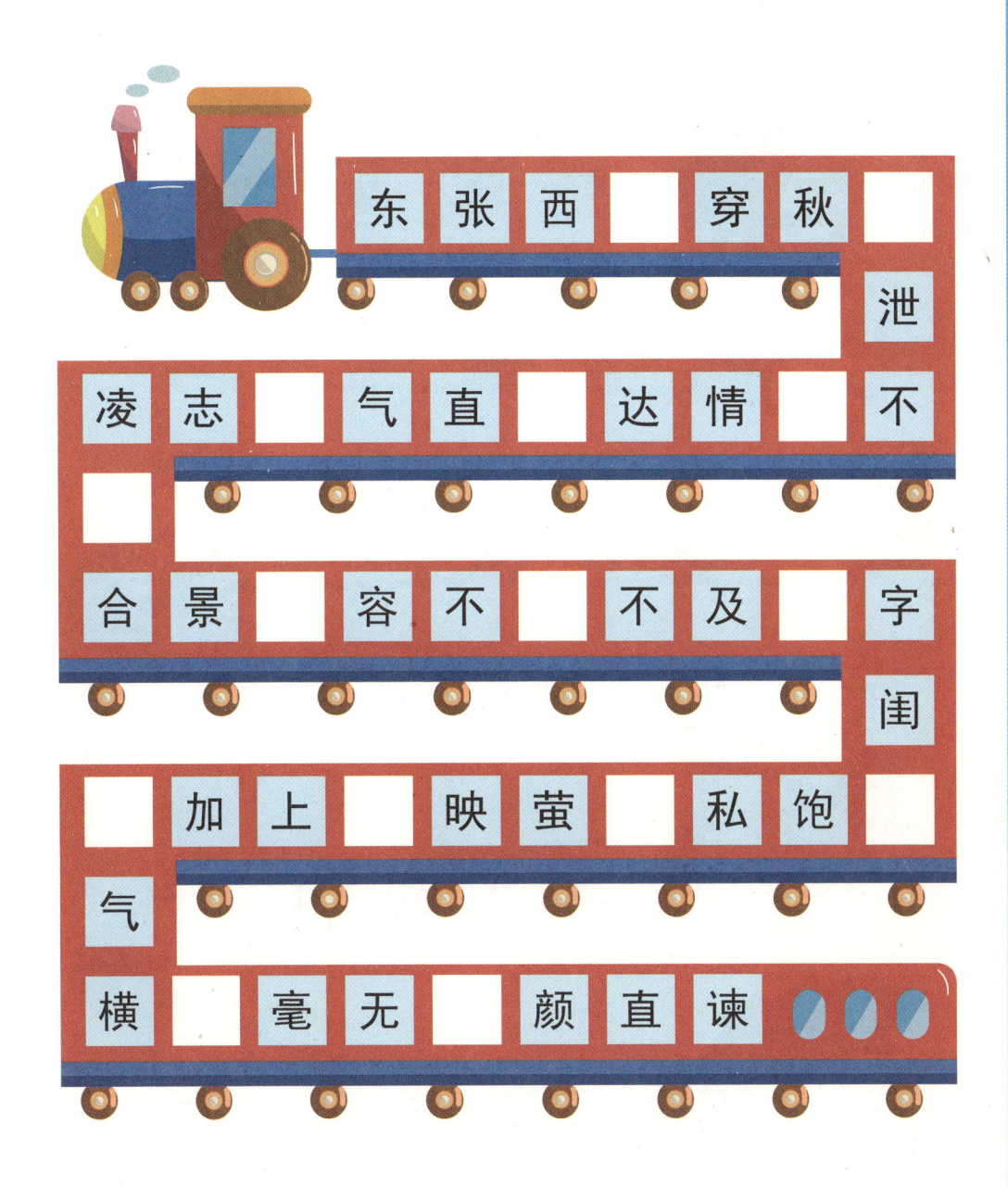

东张西□穿秋□泄不□凌志□气直□达情□不□合景□容不□不及□字闺□加上□映萤□私饱□气横□毫无□颜直谏

009

同字成语接龙

表里如一 → 一叶障目 → 目不暇接 → 接二连三 → 三言两语 → 语重心长 → 长驱直入 → 入木三分 → 分秒必争 → 争先恐后 → 后来居上 → 上兵伐谋 → 谋财害命 → 命若悬丝 → 丝丝入扣 → 扣人心弦 → 弦无虚发 → 发扬光大 → 大快人心 → 心灵手巧 → 巧言令色 → 色厉内荏

成语密码

表里如一： 表面和内心一致。形容一个人的言行和品质完全一致。
【近义词】名副其实
【反义词】口是心非
【造　句】做人要表里如一，言行一致。

一叶障目： 一片叶子挡在眼前。比喻被暂时的、局部的现象迷惑。
【近义词】以偏概全
【造　句】评价他人时，不要一叶障目，只看见优点或缺点。

目不暇接： 东西太多了，眼睛看不过来。
【近义词】眼花缭乱
【反义词】一目了然
【造　句】商场里，好看的衣服令人目不暇接。

接二连三： 一个接一个。形容连续不断。
【近义词】接踵而来
【反义词】断断续续
【造　句】参赛运动员接二连三地冲过终点。

三言两语： 指短短几句话。
【近义词】只言片语
【反义词】长篇大论
【造　句】这件事太复杂了，三言两语说不清楚。

语重心长： 指话语十分真诚，情意深长。
【近义词】苦口婆心
【造　句】老师语重心长地告诫同学们要好好学习。

长驱直入：毫无阻挡，顺利进入。形容行军顺利。
【近义词】势如破竹
【反义词】裹足不前
【造　句】我军长驱直入，横扫战场，取得了最终的胜利。

入木三分：形容书法笔力强健。多比喻见解深刻。
【近义词】力透纸背
【造　句】这本小说里的人物真是刻画得入木三分。

分秒必争：一分一秒也不放过。形容充分利用时间。
【近义词】争分夺秒
【反义词】蹉跎岁月
【造　句】我们要分秒必争，认真学习。

争先恐后：争着向前，唯恐落后。
【近义词】争强好胜
【反义词】畏葸不前
【造　句】下课了，同学们争先恐后地跑向操场。

后来居上：资格浅的反而在资格老的上面。泛指后来的胜过先来的。
【近义词】青出于蓝
【造　句】如果不努力前行，就会被别人后来居上。

上兵伐谋：指最好的计策是用谋略取胜。
【造　句】上兵伐谋，这场比赛我们一定要智取。

谋财害命：谋夺钱财，杀害他人。
【近义词】杀人越货
【造　句】他们是一伙谋财害命的劫匪。

第一章·成语接龙

命若悬丝：比喻生命垂危。
【近义词】危在旦夕
【造　句】地震已经发生七天了，很多人都命若悬丝。

丝丝入扣：比喻办事周密严谨有条理。多用来形容艺术表演或者文章手法紧密、细致。
【近义词】环环相扣
【造　句】这篇文章论证严密，丝丝入扣。

扣人心弦：形容文章或艺术表演等有感染力，使人产生共鸣。
【近义词】动人心弦
【造　句】这是一部跌宕起伏、扣人心弦的电视剧。

弦无虚发：指射箭非常精准，百发百中。
【近义词】百发百中
【造　句】古时候许多将军射箭都弦无虚发。

发扬光大：大力弘扬某种优良作风或传统，使其更加美好。
【造　句】我们一定要把传统美德发扬光大。

大快人心：坏人或坏事遭到打击或惩罚，人们心里非常痛快。
【近义词】拍手称快
【造　句】这个家伙终于受到了法律的制裁，真是大快人心！

心灵手巧：心思灵敏，手艺精巧。
【近义词】心灵手敏
【反义词】笨手笨脚
【造　句】我的妈妈是一个心灵手巧的人。

巧言令色：用花言巧语讨好别人。
【近义词】花言巧语
【造　句】我们待人一定要真诚，不能巧言令色。

色厉内荏：表面强硬严厉，内心怯懦软弱。
【近义词】外强中干
【造　句】原来他是一个色厉内荏的胆小鬼。

第一章·成语接龙

成语故事

一叶障目

西汉时，楚国有一个贫苦的书生，他读了一本叫作《淮南子》的书，看到书中有这样一段话：当螳螂用树叶遮住自己身体的时候，其他昆虫就无法看到它了。假如有人能得到遮住螳螂的那片树叶，那个人也能隐藏自己的身体。

看了这段话，书生也期盼着能得到那样一片叶子。想到这里，内心激动的他扔掉书就往树林跑去。他在树林中耐心找了好久，终于找到了一片如同书中描述的，有螳螂躲在后面的树叶。书生正准备去摘，忽然一阵大风吹来，树叶被哗哗地吹落，那片遮着螳螂的叶子也掉到了地上。到底哪片叶子才是自己要找的那一片呢？书生无论如何也分辨不出，只好脱下长袍，将那一堆树叶都兜起来带了回去。

回到家后，书生冥思苦想，终于想到了找到那片叶子的方法。他随手拿起一片叶子走到妻子身边，然后用叶子遮住眼睛，问妻子："你现在看得见我吗？"妻子如实地回答："看得见。"接着他一片又一片地拿着叶子，一次又一次地去询问妻子。直到妻子实在不耐烦了，就随口敷衍回答他说："看不见了。"书生听了以后高兴地拿着叶子往市场跑去。

到了市场的书生，用叶子遮住自己的眼睛去偷别人的东西，结果立即被人抓住了。

同字成语接龙练习

本 末 倒 □ 之 度 □
　　　　　　　　　　强
粉 头 □ 浇 上 □ 烈 柴 □ 中
□
目 一 □ 仇 旧 □ 之 入 □ 肉
　　　　　　　　　　　　相
□ 反 无 □ 取 章 □ 不 绵 □
盼
神 □ 黄 腾 □ 官 贵 人

第一章·成语接龙

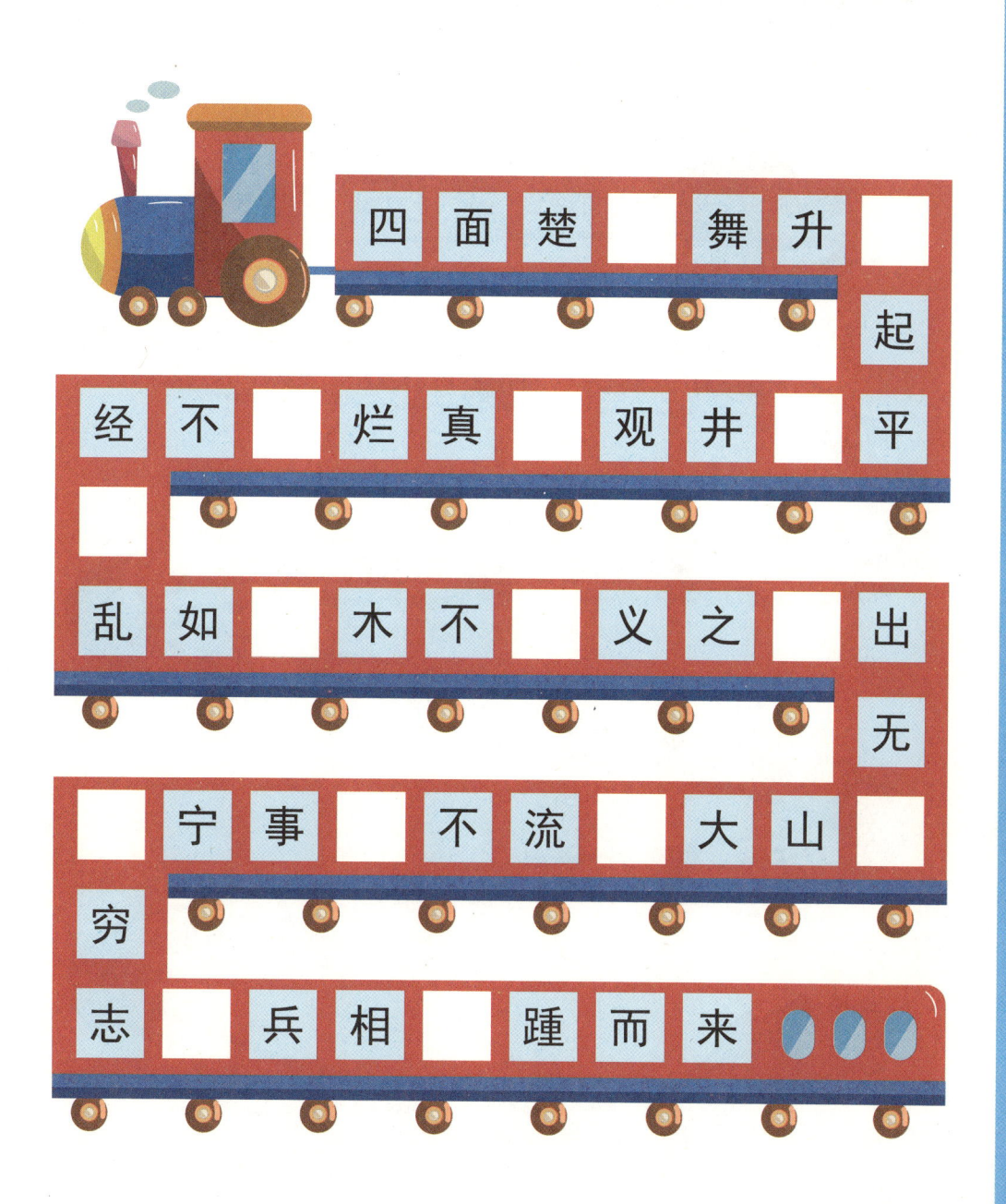

四面楚□舞升□起平□观井□烂真□不□经

乱如□木不□义之□出无

□宁事□不流□大山

穷

志□兵相□踵而来

017

谐音成语接龙

八面玲珑 → 龙马精神 → 身败名裂 → 裂土封疆 → 匠心独运 → 晕头转向 → 相敬如宾 → 彬彬有礼 → 历历在目 → 木已成舟 → 周而复始 → 事在人为 → 惟妙惟肖 → 小肚鸡肠 → 畅所欲言 → 严于律己 → 鸡鸣狗盗 → 道听途说 → 硕果仅存 → 寸步难行 → 星罗棋布 → 不亢不卑

第一章·成语接龙

成语密码

八面玲珑：形容为人处世十分圆滑，办事细致周到。
【近义词】面面俱到
【造　句】王熙凤处事八面玲珑。

龙马精神：形容健旺、昂扬向上的精神。
【近义词】生气勃勃
【造　句】班会时，大家都发扬龙马精神，争相发言。

身败名裂：地位丧失，名声败坏。指作恶的人遭到彻底失败。
【近义词】名誉扫地
【反义词】功成名就
【造　句】他坏事做尽，最终身败名裂。

列土封疆：指帝王将土地分封给功臣和宗室。
【近义词】列土分疆
【造　句】战乱时代，许多将领都期待列土封疆的那一天。

匠心独运：独创性地运用精巧的构思。多用于文学、艺术等方面。
【近义词】别出心裁
【造　句】这篇小说可谓匠心独运，构思精妙。

晕头转向：头脑发晕，弄不清方向。形容人惊慌失措或者糊里糊涂。
【近义词】昏头昏脑
【造　句】这两天爸爸忙得晕头转向。

越玩越聪明的 成语游戏

相敬如宾： 形容夫妻间相处融洽，像宾客一样互相敬重。
【近义词】举案齐眉
【造　句】他们结婚二十多年，相敬如宾，从没吵过架。

彬彬有礼： 形容人文雅有礼貌。
【近义词】文质彬彬
【反义词】飞扬跋扈
【造　句】他举止优雅，彬彬有礼。

历历在目： 形容某种景象清楚地展现在眼前。
【近义词】记忆犹新
【造　句】往事历历在目，那个可以一起回忆往事的人却已经消失不见。

木已成舟： 树木已被做成小舟。比喻事情已经没有办法改变了。
【近义词】覆水难收
【造　句】事到如今木已成舟，你再训斥他也没有用了。

周而复始： 绕一圈后又重新开始。形容不断循环往复。
【近义词】循环往复
【反义词】停滞不前
【造　句】春夏秋冬，周而复始，这是不以人们意志为转移的自然规律。

事在人为： 事情的成功就看人的努力。
【近义词】人定胜天
【反义词】听天由命
【造　句】事在人为，我们一定要努力。

第一章·成语接龙

惟妙惟肖： 形容描写或模仿得好，十分逼真。
【近义词】栩栩如生
【反义词】画虎类犬
【造　句】齐白石的画作惟妙惟肖。

小肚鸡肠： 比喻人气量狭小，心胸狭窄。
【近义词】睚眦必报
【反义词】宽宏大量
【造　句】他这人小肚鸡肠，我们就不要和他计较了。

畅所欲言： 痛快、尽情地说出想说的话。
【近义词】推心置腹
【造　句】班会上，同学们围绕孝顺父母这一话题畅所欲言。

严于律己： 严格地约束自己。
【近义词】以身作则
【造　句】我们要严于律己，不要放松对自己的要求。

鸡鸣狗盗： 指低贱卑下的技能或行为。也指有这种技能或行为的人。
【近义词】偷鸡摸狗
【造　句】他没什么能耐，只会干些鸡鸣狗盗的事。

道听途说： 在路上听来的，又从路上传播出去。指毫无根据、不可靠的传闻。
【近义词】捕风捉影
【反义词】言之有据
【造　句】道听途说的消息往往是不可靠的。

硕果仅存：树上唯一留存的大果子。比喻留存下来的稀少可贵的人或物。
【近义词】凤毛麟角
【造　句】行业不景气，这是本城硕果仅存的一家实体店。

寸步难行：走一步也很困难。也形容处境十分艰难。
【近义词】举步维艰
【反义词】畅行无阻
【造　句】长城上人山人海，真叫人寸步难行。

星罗棋布：像星星罗列在天空，像棋子分布在棋盘上。形容数量多，分布广。
【近义词】浩如烟海
【反义词】寥若晨星
【造　句】九寨沟风景秀丽，湖泊星罗棋布，叫人难以忘怀。

不卑不亢：不自卑也不高傲。形容态度适中得体。
【反义词】卑躬屈膝
【造　句】这位外交官不卑不亢，语言得体，表现了应有的风度。

成语故事

鸡鸣狗盗

战国时期，齐国有个人叫田文，即战国四公子之一的孟尝君。孟尝君喜好招揽门客，供养着许多有不同能力的人。

孟尝君到秦国去做客的时候，被秦昭王囚禁了。他知道秦昭王想要杀掉他，就立刻派人到秦昭王的宠妾那里寻求帮助。宠妾提出了一个条件：她要孟尝君的白色狐皮袭。原来，孟尝君有一件价值千金的白色狐皮袭，但他来到秦国之后，就把这件袭衣送给了秦昭王，世间再也没有第二件这样的衣服了。孟尝君为此发愁。这时有一个会披着狗皮偷东西的门客站了出来："我能拿到那件白色狐皮袭，愿意为您分忧。"当天晚上，这个人就装扮成狗，钻进了秦王宫的狗洞，从王宫的仓库中偷出了那件白色狐皮袭，献给了秦昭王的宠妾。宠妾在秦昭王面前替孟尝君求情，秦昭王就释放了孟尝君。

孟尝君被释放后，立刻就想离开。他带着侍从们连夜逃出了城，来到秦国的边界函谷关。秦昭王释放孟尝君不久后就后悔了，想重新囚禁他，却发现孟尝君已经逃跑了，马上派人前去追捕他。孟尝君知道秦昭王不久就会派人来抓他，眼见函谷关的关门迟迟不开，心急如焚。原来，秦国的法律规定，函谷关的关门一定要等到鸡叫的时候才能打开，而现在正是夜里，离鸡叫还有好几个时辰呢。孟尝君的门客中有一个人善于模仿鸡叫，他一叫，附近的鸡都跟着一起叫了起来。守关的将士们看天色正黑，但鸡都已经叫了，只好打开关门，放他们出关。孟尝君等人出关后不久，秦昭王的追兵就赶来了。但是孟尝君已经出了函谷关，追兵就只好回去了。

谐音成语接龙练习

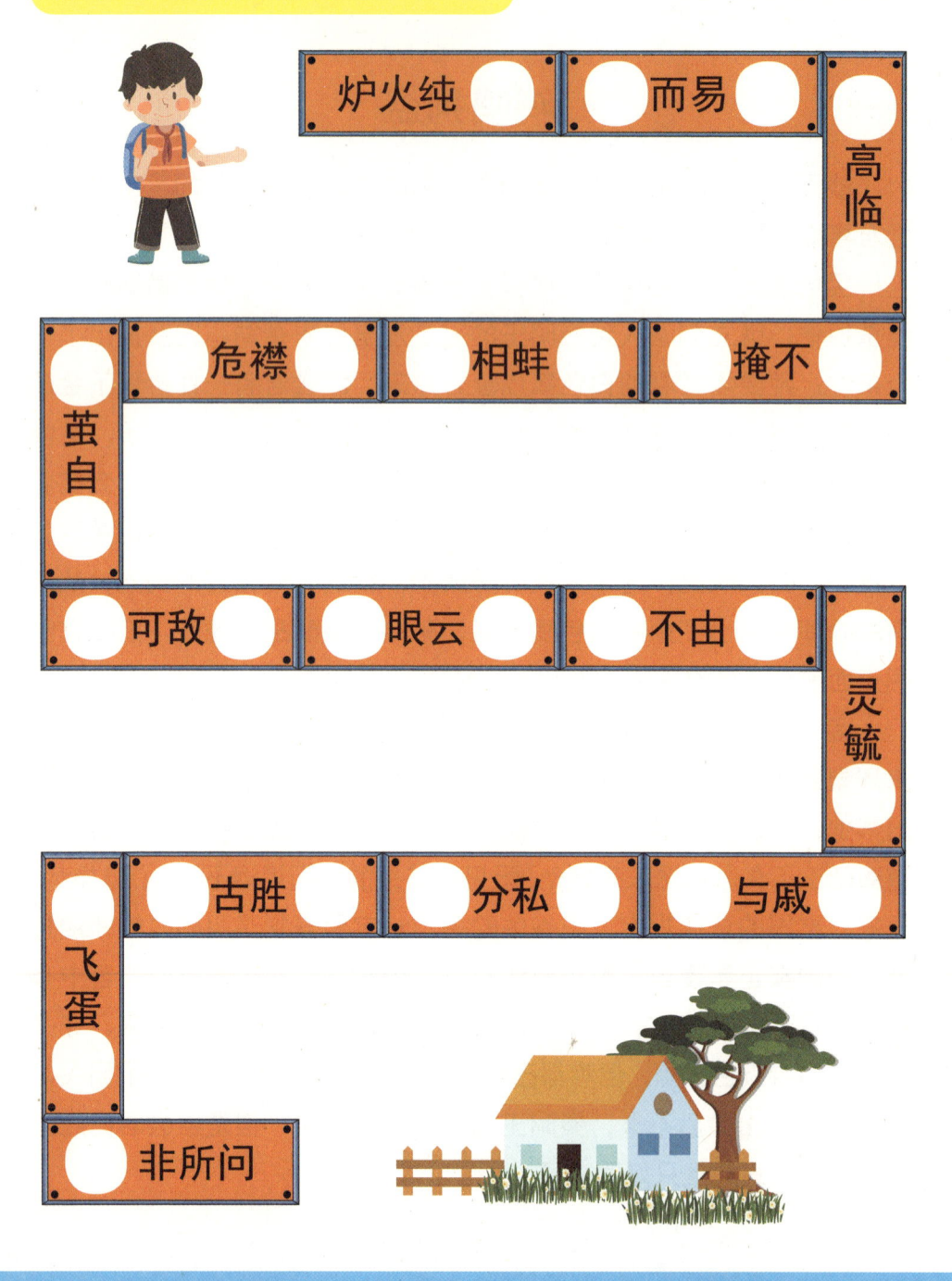

炉火纯○　○而易○　高临○

○　○危襟○　○相蚌○　掩不○
茧自○

○可敌○　○眼云○　○不由○
灵毓

○古胜　○分私○　○与戚
飞蛋

○非所问

第一章·成语接龙

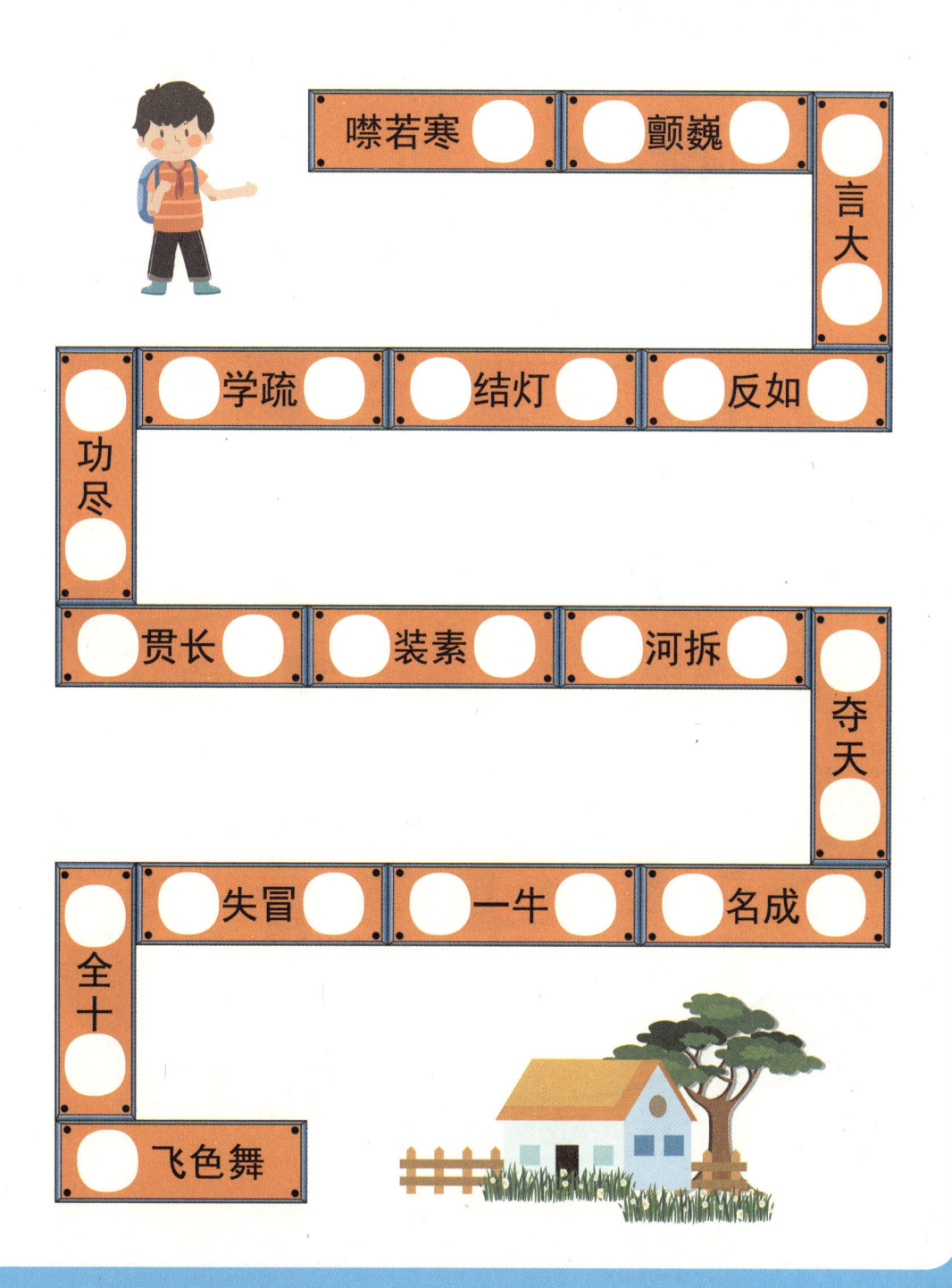

噤若寒○　○颤巍○　言大○

○学疏○　○结灯○　○反如○

功尽

○贯长○　○装素○　○河拆○　夺天

○失冒○　○一牛○　○名成○

全十

○飞色舞

谐音成语接龙

天衣无缝 → 丰富多彩 → 财迷心窍 → 夺豪取巧 → 感善愁多 → 照相胆肝 → 处相夕朝 → 出人意料 → 聊胜于无 → 五花八门 → 扪心自问 → 迩遐名闻 → 新一目耳 → 灰死如心 → 医忌疾讳 → 衣不解带 → 代代相传 → 穿针引线 → 先声夺人 → 声吞气忍 → 虎活龙生 → 悛不恶怙

第一章·成语接龙

成语密码

天衣无缝：仙人的衣服没有剪裁的痕迹。比喻事物完美无缺。
【近义词】十全十美
【反义词】漏洞百出
【造　句】我们讨论了三天，终于想出了一个天衣无缝的计划。

丰富多彩：数量大，种类多，色彩斑斓。也指作品内容充实、鲜明生动。
【近义词】多姿多彩
【反义词】千篇一律
【造　句】学校的课外活动丰富多彩。

财迷心窍：由于贪财而脑子糊涂。
【近义词】利令智昏
【造　句】如果不财迷心窍，她就不会上当受骗了。

巧取豪夺：用欺诈的手段或者强力夺取财物、权力等。
【近义词】巧偷豪夺
【造　句】这些贪官对民众巧取豪夺。

多愁善感：情感脆弱，容易感伤或哀愁。
【近义词】多情善感
【造　句】林黛玉是一个多愁善感的人。

肝胆相照：互相能照见对方的肝和胆。比喻朋友之间真心相待。
【近义词】推心置腹
【造　句】李叔叔是与爸爸肝胆相照的好朋友。

朝夕相处： 早晚都在一起，表示关系亲密。
【近义词】形影不离
【造　句】六月就要来临，我们即将结束与师友朝夕相处的校园生活。

出人意料： 在人们的意料之外。
【近义词】出乎意料
【反义词】不出所料
【造　句】这次考试，他出人意料地考了第一名。

聊胜于无： 比没有要稍微好一点。
【造　句】这点钱虽然不多，但总是聊胜于无。

五花八门： 花样繁多或者变化多端。
【近义词】形形色色
【造　句】商场里的食品真是五花八门。

扪心自问： 摸着胸口问自己。表示自我反省，自我批评。
【近义词】反躬自问
【造　句】扪心自问，我从来没有做过对不起别人的事情。

闻名遐迩： 远近的人都知道。形容名气很大。
【近义词】名满天下
【反义词】鲜为人知
【造　句】西湖是闻名遐迩的风景区。

耳目一新： 耳朵听到的与眼睛看到的都是全新的。
【近义词】焕然一新
【造　句】这台晚会真叫人耳目一新。

第一章·成语接龙

心如死灰： 心境沉寂，不为外界所动。形容意志消沉，态度冷漠。
【近义词】心灰意冷
【造　句】生活的苦痛早已折磨得他心如死灰。

讳疾忌医： 拒绝说自己有病，害怕治病。比喻掩盖缺点或错误，害怕改正。
【近义词】文过饰非
【造　句】有病应该趁早医治，千万不要讳疾忌医。

衣不解带： 睡觉时也不脱衣服。形容十分辛苦、勤劳。
【造　句】奶奶生病时，妈妈衣不解带地照顾她。

代代相传： 一代一代传下去。
【近义词】世代相传
【造　句】中华文化源远流长，代代相传。

穿针引线： 在双方间进行联系、沟通。
【近义词】牵线搭桥
【反义词】挑拨离间
【造　句】正是有了他的穿针引线，我们的合作才能继续。

先声夺人： 先张扬自己的声威以挫伤对方的士气。泛指先发制人，占据主动地位。
【近义词】先发制人
【造　句】这场比赛，我们一定要先声夺人，震慑对手。

忍气吞声： 受了气而忍住，不能或不敢发泄出来。
【近义词】含垢忍辱
【造　句】他在老板那里受了委屈，只能忍气吞声。

生龙活虎：形容很有生机和活力。
【近义词】精神抖擞
【反义词】没精打采
【造　句】校运会上，同学们个个生龙活虎，想要取得好的成绩。

怙恶不悛：坚持作恶，不知悔改。
【近义词】执迷不悟
【造　句】对于那些怙恶不悛的坏人，一定要严惩不贷。

成语故事

讳疾忌医

战国时期,有一个叫扁鹊的医生十分出名。他医术高超,救死扶伤,因此受到很多人的尊敬。有一天,扁鹊见到了蔡桓公。他站在原地,细细观察了蔡桓公的气色,然后说道:"您现在生病了,病症还只是在皮肤之间。但如果还不医治的话,病情恐怕会加重。"害怕别人知道自己得病的蔡桓公说:"我没病。你们这些医生总爱给没病的人治病,以此来显示自己的本事。"

过了十天,扁鹊又来见蔡桓公:"您的病已经渗入肌肉了,不医治恐怕会加深。"蔡桓公对他不理不睬。

又过了十天,扁鹊又来了。他说:"您的病已经进入肠胃了。"蔡桓公听了,依旧不为所动。

又过了十天,扁鹊在很远的地方看见蔡桓公后掉头就走。蔡桓公见了感到十分奇怪,就派人去追问。扁鹊答道:"不论一个人的病在肌肤,还是在肌肉,还是在肠胃,我都能治好。但现在国君的病症已经深入到骨头里了,我已经无能为力了。"

五天后,蔡桓公忽然觉得浑身不舒服,赶忙叫人去请扁鹊,谁知道扁鹊早就逃跑了。而没能得到及时治疗的蔡桓公不久后就去世了。

谐音成语接龙练习

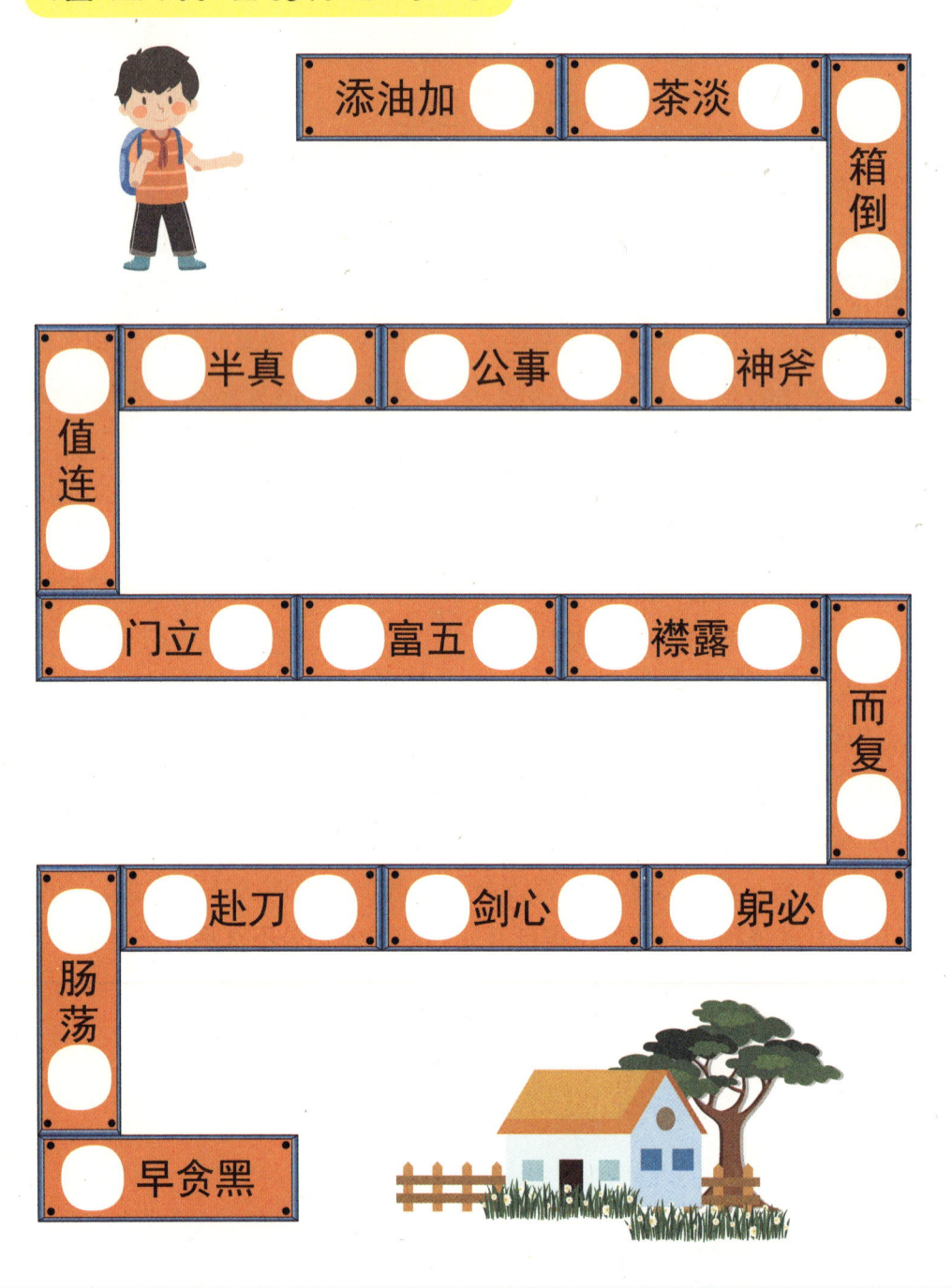

添油加○ ○茶淡○ 箱倒○

○○半真○ ○公事○ ○神斧○

值连○

○门立○ ○富五○ ○襟露○ 而复○

○赴刀○ ○剑心○ ○躬必○

肠荡○

○早贪黑

第一章 • 成语接龙

于事无○ ○得要○珑剔○○痛头○○怕软○○忌鼠○○飞蛋○○红大○○讨苦○○之以○○槊赋○○蟹兵○○无冬○○傲才○○山如○○好月圆

越玩越聪明的成语游戏

绰约多〇 〇食其

色天

〇呆头〇 〇李冠〇 〇益得

羞成

〇颜婢〇 〇心革〇 〇延起

底抽

〇良玉〇 〇才郎〇 〇由马

花缭

〇凤和鸣

034

第二章 成语填字

1 成语诊所（一）

成语们坐热气球飞上天了！但每个成语中都有一个错别字。你能用你的火眼金睛，圈出那个错别字，并在篮子里写上正确的字吗？

- 别出心栽
- 破斧沉舟
- 若及若离
- 禁若寒蝉
- 经渭分明
- 憨态可鞠
- 光怪路离
- 墨守陈规
- 老马识图
- 病入膏盲

2 成语诊所（二）

快给这些广告词"消毒"，让它们恢复原貌。

消炎药广告词：快治人口

热水器广告词：随心所浴

止咳药广告词：咳不容缓

摩托车广告词：骑乐无穷

驱蚊药广告词：默默无蚊

眼药水广告词：一明惊人

健胃药广告词：无胃不至

清洁剂广告词：洗出望外

小蛋糕广告词：步步糕升

渔夫帽广告词：以帽取人

3 成语诊所（三）

下面的成语都得了病，请你帮它们治一治。

再接再励 → ⬜	走头无路 → ⬜
迫不急待 → ⬜	改斜归正 → ⬜
天翻地复 → ⬜	坚难险阻 → ⬜
南辕北撤 → ⬜	座井观天 → ⬜
克舟求剑 → ⬜	义不容词 → ⬜
毫言壮语 → ⬜	胜气凌人 → ⬜
守珠待兔 → ⬜	拨苗助长 → ⬜
无是生非 → ⬜	望文生意 → ⬜

4 成语对对碰

你能把下面的成语和解释对应起来吗？快来读一读，填一填！

| 老态龙钟 | 从善如流 | 墨守成规 | 火上浇油 |
| 杯弓蛇影 | 无懈可击 | 人杰地灵 | 空空如也 |

①形容遵守着现成的或者通行已久的规则和方法，不肯改变。

②指有杰出的人降生或到过，其地也就成了名胜之区。

③形容年老体衰，行动不便。

④原形容诚恳、虚心的样子。现形容一无所有。

⑤形容十分严密，找不到一点漏洞。

⑥比喻使人更愤怒或使情况更严重。

⑦形容能迅速地接受别人好的意见。

⑧比喻因疑神疑鬼而引起恐惧。

5 成语加减法

在括号里填上表示数字的汉字，使得成语和算式都正确。

（　）月流火 ＋ （　）话不说 ＝ （　）死一生

接（　）连三 ＋ 独（　）无二 ＝ 不（　）不四

日上（　）竿 ＋ 日复（　）日 ＝ 五湖（　）海

九九归（　） ＋ 十有八（　） ＝ 以一当（　）

横七竖（　） － 低三下（　） ＝ 丢三落（　）

五颜（　）色 － 入木（　）分 ＝ 半夜（　）更

朝（　）暮四 － 举（　）反三 ＝ 合（　）为一

（　）人成虎 － （　）敲碎打 ＝ （　）心二意

6 成语四则运算

在括号里填上表示数字的汉字，使得成语和算式都正确。

1. （　）波（　）折 +（　）分（　）裂 =（　）花（　）门

2. （　）全（　）美 −（　）言（　）鼎 =（　）牛（　）毛

3. （　）光（　）色 −（　）清（　）楚 =（　）通（　）达

4. 独（　）无（　）×（　）生有幸 =（　）头（　）臂

5. （　）炼成钢 ×（　）孔千疮 =（　）无一失

6. （　）路出家 +（　）途而废 =（　）事无成

7. （　）小无猜 −（　）见如故 =（　）视同仁

8. 文房（　）宝 ×（　）阳开泰 =（　）清（　）楚

9. （　）霄云外 ÷（　）更半夜 =（　）姑六婆

10. （　）折不挠 × 流芳（　）世 =（　）世师表

041

11. （　）真（　）确÷（　）辛（　）苦＝（　）生（　）世

12. （　）通（　）达－（　）头（　）臂＝（　）石（　）鸟

13. （　）万火急－（　）霄云外＝（　）步登天

14. （　）面玲珑÷（　）面楚歌＝（　）面三刀

15. （　）举两得＋（　）拍即合＝（　）全其美

16. （　）顾茅庐－（　）字千金＝（　）话不说

17. （　）全（　）美－（　）手（　）脚＝（　）心二意

18. （　）分（　）裂－（　）日（　）省＝三心二意

19. （　）仙过海－（　）花八门＝（　）言两语

20. （　）虎相斗×（　）败俱伤＝（　）分五裂

042

第二章·成语填字

21.（　）令（　）申＋举（　）反（　）＝四通八达

22.（　）日三秋＋（　）海为家＝（　）湖四海

23.（　）马当先＋（　）体投地＝（　）神无主

24.（　）拿九稳－（　）言两语＝七窍生烟

25.（　）头六臂＋（　）花八门＝八仙过海

26.（　）足鼎立×（　）教九流＝（　）霄云外

27.（　）字千金＋（　）牛一毛＝（　）万火急

28.（　）鸣惊人×（　）家争鸣＝（　）花齐放

29.（　）锤（　）炼×（　）呼（　）应＝（　）山（　）水

7 成语数学园

请在括号内填入适当的数字。

1. 才高（　　）斗
2. 退避（　　）舍
3. 学富（　　）车
4. 垂涎（　　）尺
5. 南柯（　　）梦
6. 判若（　　）人
7. 进退（　　）难
8. 包罗（　　）象
9. 不（　　）法门
10. （　　）缄其口
11. （　　）神无主
12. （　　）步穿杨
13. （　　）人成虎
14. （　　）思而行
15. （　　）感交集
16. （　　）面玲珑
17. （　　）折不挠
18. （　　）面埋伏

第二章·成语填字

19. （　）口莫辩
20. （　）足鼎立
21. （　）彩缤纷
22. （　）霄云外
23. （　）步芳草
24. （　）体投地
25. （　）面楚歌
26. 举（　）反（　）
27. 朝（　）暮（　）
28. 数（　）数（　）
29. 独（　）无（　）
30. 颠（　）倒（　）
31. 挑（　）拣（　）
32. （　）（　）火急
33. 略知（　）（　）
34. （　）波（　）折
35. （　）分（　）裂
36. （　）颜（　）色
37. （　）头（　）臂
38. （　）呼（　）唤
39. （　）光（　）色
40. （　）全（　）美

8 成语魔方

你发现下面这几组成语的奥秘了吗？请填一填。

	今	中	外
万		长	青
古	色		香
名	垂	千	

安		乐	业
居	安		危
治		安	邦
转	危		安

兔	死		
狡	兔		
		兔	走
		待	兔

白			
	白		
		白	
			白

046

9 成语叠叠乐

下面的每一个成语中都有一模一样的字。请认一认，然后把成语填写完整。

安安○○　　○○鼎鼎　　○○摸摸

井井○○　　○了了○　　为○○为

○○麻麻　　○○翼翼　　大大○○

依依○○　　○欺欺○　　忍○○忍

10 成语健身馆

在括号里填入与人身体有关的字，完成下列成语。

出○人○地　　一○了○然

扬○吐气　　千钧一○

越玩越聪明的 成语游戏

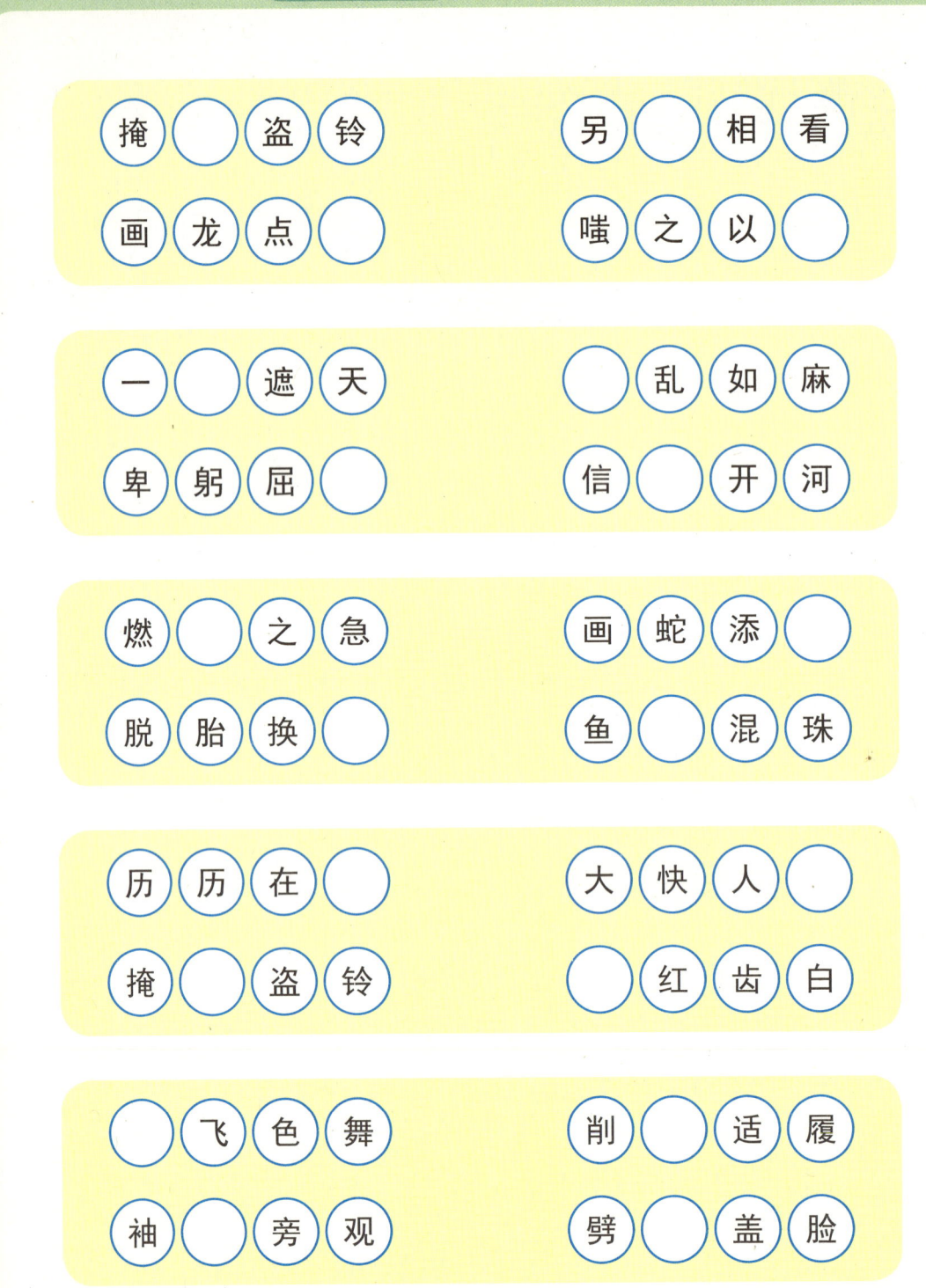

掩○盗铃　　另○相看
画龙点○　　嗤之以○

一○遮天　　○乱如麻
卑躬屈○　　信○开河

燃○之急　　画蛇添○
脱胎换○　　鱼○混珠

历历在○　　大快人○
掩○盗铃　　○红齿白

○飞色舞　　削○适履
袖○旁观　　劈○盖脸

第二章·成语填字

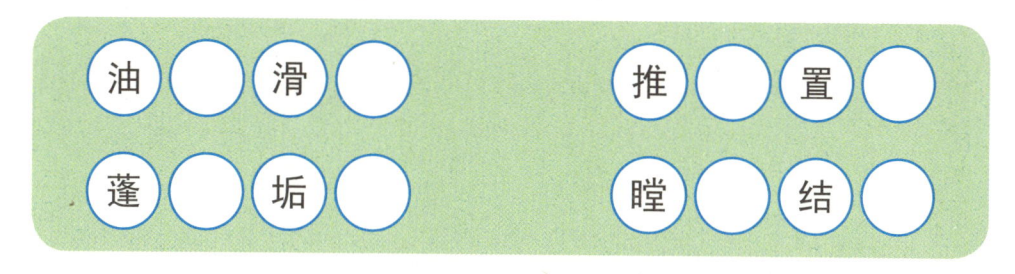

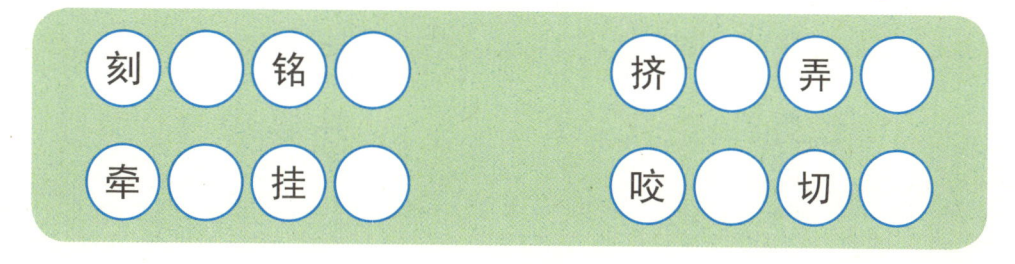

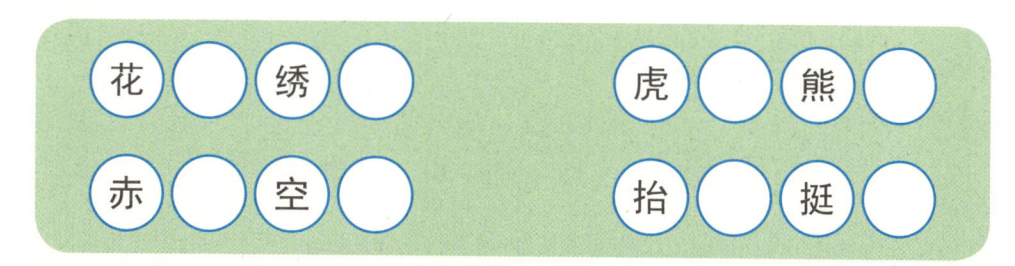

○高○低　　○直○快
○清○秀　　○蜜○剑

油○滑○　　推○置○
蓬○垢○　　瞠○结○

刻○铭○　　挤○弄○
牵○挂○　　咬○切○

花○绣○　　虎○熊○
赤○空○　　抬○挺○

11 成语反义词（一）

读一读下面的成语，然后把每个成语中的一对反义词圈出来。

弄巧成拙
阴阳怪气
生死攸关

求同存异
化敌为友
南辕北辙

三长两短
口是心非
七上八下

你死我活
拈轻怕重
弄假成真

天经地义
悲喜交加
东张西望

弱肉强食
横七竖八
有勇无谋

12 成语反义词（二）

在括号中填写反义词补充下列成语。

承（　）启（　）
（　）忧（　）患
（　）题（　）做
弄（　）成（　）

舍（　）求（　）
化（　）为（　）
扬（　）避（　）
弃（　）投（　）

博（　）通（　）
（　）应（　）合
争（　）恐（　）
（　）嘲（　）讽

拈（　）怕（　）
（　）入（　）出
（　）胜（　）汰
（　）尽（　）来

13 成语智囊团

根据下面句子补充下列成语。

1. 非凡的智慧，巧妙的计谋。　　神 □ 妙 □

2. 形容形象高大，气概豪迈。　　顶 □ 立 □

3. 有恒心，有毅力，坚持不懈。　　持 □ 以 □

4. 思想一致，共同努力。　　齐 □ 协 □

5. 理由正确充分，说话的气势很盛。　　理 □ 气 □

6. 急迫得不能再等待。　　急 □ □ 待

7. 付出所有的精力去做一件事。　　全 □ 以 □

8. 抑制不了自己的感情。　　情 □ 自 □

9. 做事非常认真、细致，一丝也不马虎。　　一 □ 不 □

第二章·成语填字

10. 在比赛或考试中成绩优异，名次排在前面。 — 名 □ □ 前

11. 眼光锐利，动作敏捷。 — 眼 □ □ 手

12. 形容注意力集中在某一点上，眼睛一动也不动。 — 目 □ □ 转

13. 形容全部精神高度集中。 — 全 □ □ 贯

14. 没有相同的，没有可以相比的。 — 独 □ □ 无

15. 能给人帮助的好老师，能直言相告的好朋友。 — 良 □ □ 益

16. 比喻在别人急需时给予帮助。 — 雪 □ □ 送

17. 形容学习勤奋刻苦，不舍得放下手中的书本。 — 手 □ □ 释

18. 形容富有朝气，充满活力。 — 朝 □ □ 蓬

19. 因有所倚仗而无所畏忌。 — 有 □ □ 无

20. 形容答话很快，很流利。 — 应 □ □ 如

14 成语迷宫（一）

在下面的方框里填上适当的字，使每一行和每一竖都成为一个四字成语。

①

不

千

力 挽

②

万 古

黄 言

名 虚

教

15 成语迷宫（二）

从图中的"放"字开始，一次走完所有的格子，并把经过的字连成八个首尾相连的成语。

放	山	高	水	长
虎	归	论	大	篇
阔	海	功	心	悦
天	人	行	赏	目
空	山	人	无	中

055

16 成语动物园

下面的括号处全部应该填动物名称，请你快来挑战！

○腾○跃　　　○立○群
○飞○舞　　　○头○尾

○○无声　　　○假○威
○吞○咽　　　○○不宁

○朋○友　　　黔○技穷
井底之○　　　指○为○

○歌○舞　　　○学舌
走○观花　　　○语花香

第二章·成语填字

○○点水　　飞○扑火
○失前蹄　　○○捕○

门可罗○　　○程万里
一箭双○　　沉鱼落○

○心○肺　　骑○难下
○背○腰　　○死○悲

照○画○　　○刀小试
亡○补牢　　○尾续○

心○意○　　盲人摸○
瓮中捉○　　攀○附○

越玩越聪明的成语游戏

抱 头 〇 窜　　　〇 〇 混 杂
涸 辙 之 〇　　　〇 丝 〇 迹

噤 若 寒 〇　　　沐 〇 而 冠
为 〇 作 伥　　　画 〇 添 足

秣 〇 厉 兵　　　狡 〇 三 窟
闻 〇 起 舞　　　〇 口 余 生

〇 尽 弓 藏　　　欢 呼 〇 跃
管 中 窥 〇　　　逐 〇 中 原

如 〇 得 水　　　独 占 〇 头
〇 兵 〇 将　　　车 水 〇 〇

058

17 成语植物园

下面的括号处全部应该填植物名称，请你快来挑战！

胸 有 成 ○　　　望 ○ 止 渴

雨 后 春 ○　　　独 ○ 一 帜

○ 暗 ○ 明　　　百 步 穿 ○

鸡 毛 ○ 皮　　　蕙 质 ○ 心

○ ○ 一 现　　　出 水 ○ ○

○ 枝 招 展　　　○ 水 相 逢

煮 ○ 燃 箕　　　○ 红 ○ 绿

沧 海 ○ 田　　　青 ○ ○ 马

越玩越聪明的成语游戏

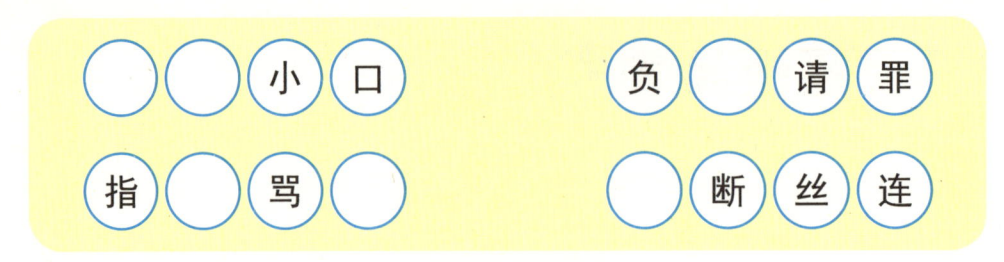

○ ○ 小 口　　负 ○ 请 罪
指 ○ 骂 ○　　○ 断 丝 连

○ 熟 蒂 落　　沧 海 一 ○
披 ○ 斩 ○　　世 外 ○ 源

○ 代 ○ 僵　　人 面 ○ ○
○ 蔻 年 华　　○ 开 二 度

○ 报 平 安　　借 ○ 献 佛
茂 ○ 修 竹　　囫 囵 吞 ○

060

第二章·成语填字

18 成语中国游

把下面的成语补充完整,你会发现它们居然组成了我国的省市名。试一试!

1. 低三下（　　）　　　（　　）流不息

2. 不共戴（　　）　　　（　　）津有味

3. 声东击（　　）　　　（　　）居乐业

4. 口若悬（　　）　　　（　　）腔北调

5. 同舟共（　　）　　　（　　）柯一梦

6. 万古长（　　）　　　（　　）枯石烂

7. 掌上明（　　）　　　（　　）市蜃楼

越玩越聪明的成语游戏

8. 语重心（　　）　　（　　）里淘金

9. 重于泰（　　）　　（　　）山再起

10. 人山人（　　）　　（　　）辕北辙

11. 跃然纸（　　）　　（　　）底捞针

12. 雍容华（　　）　　（　　）春白雪

13. 风卷残（　　）　　（　　）来北往

14. 目无尊（　　）　　（　　）华秋实

15. 逢凶化（　　）　　（　　）林总总

第二章 • 成语填字

16. 天伦之（　　）　　（　　）穷水尽

17. 歌舞升（　　）　　（　　）相呼应

18. 不谋而（　　）　　（　　）头大耳

19. 人山人（　　）　　（　　）若悬河

20. 心神不（　　）　　（　　）光粼粼

21. 光明正（　　）　　（　　）绵不绝

22. 信口雌（　　）　　（　　）沉大海

19 成语猜猜猜

从字的变化猜成语。

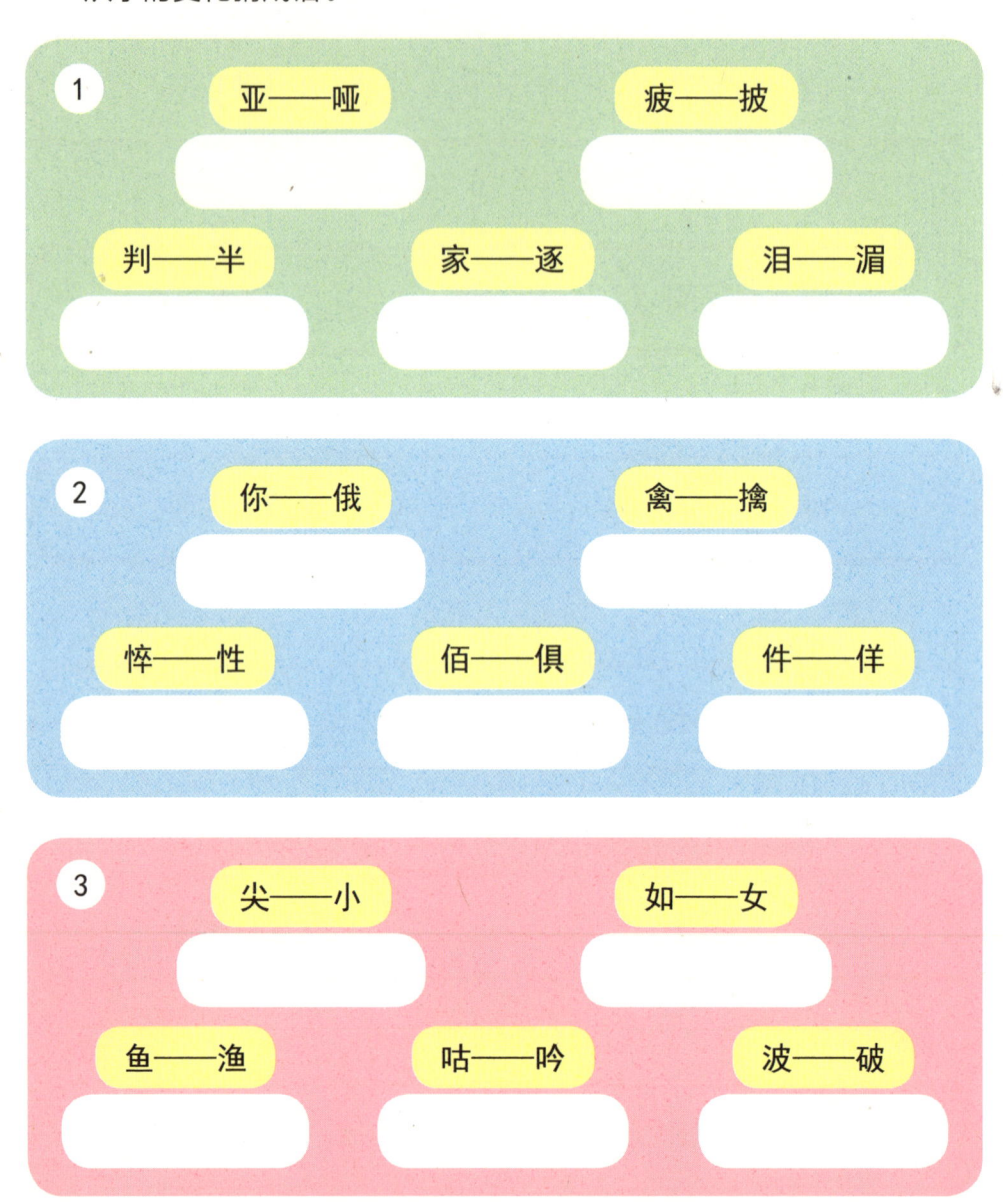

1
- 亚——哑
- 疲——披
- 判——半
- 家——逐
- 泪——湄

2
- 你——俄
- 禽——擒
- 悴——性
- 佰——俱
- 件——伴

3
- 尖——小
- 如——女
- 鱼——渔
- 咕——吟
- 波——破

20 成语正方形

在下面方框中填上适当的字，使得每一行成为一个四字成语。

三			
	三		
		三	
			三

好			
	好		
		好	
			好

学			
	学		
		学	
			学

生			
	生		
		生	
			生

21 成语找座位

下面这些带"食"字的成语该入哪个座？请你读一读、填一填。

因噎废食　食不甘味　自食其言　丰衣足食　废寝忘食
布衣蔬食　饥不择食　自食其力　锦衣玉食　自食其果

1. 干了坏事，自作自受。

2. 说了不算，不守信用。

3. 自己劳动，养活自己。

4. 衣食简单，生活俭朴。

5. 不去睡觉，忘了吃饭。

6. 穿的吃的，都很富足。

7. 肚子饥饿，来不及挑选食物。

8. 衣食精美，生活奢侈。

9. 心中有事，吃饭不香。

10. 怕卡到喉咙，不敢吃饭。

第二章·成语填字

22 成语小秘密

你能从下图猜出哪些成语呢?

23456789	$\frac{1}{2}$

1+2+3	1256789

15	3——2—

$\frac{7}{8}$	$\frac{1}{100}$

5 10	7 8

23　成语与诗歌

从下列成语中各挑出一个字，组成一句诗，并写出这句诗的作者。

随心所欲　　谈笑风生　　潜滋暗长　　不入虎穴　　夜以继日

24　成语串串烧

你能做对下面哪些题目呢？试一试。

1. 从下列成语中各挑出一个字，串成李白的一句诗。

（1）同床异梦　前赴后继　春光明媚　风花雪月　湖光山色　半信半疑　口是心非　天长地久　上下其手　冷若冰霜

（2）轻而易举　头重脚轻　望洋兴叹　明目张胆　披星戴月　低声下气　头痛医头　百思不解　老于世故　衣锦还乡

第二章·成语填字

2. 从下列成语中各挑出一个字，串成王之涣的一句诗。

（1）一清二白　日久天长　无依无靠　山清水秀　尽善尽美　飞黄腾达　半壁河山　长驱直入　五湖四海　川流不息

_____

（2）垂涎欲滴　一穷二白　千山万水　里应外合　目不转睛　三更半夜　不相上下　一表人才　层峦叠嶂　海市蜃楼

_____

3. 从下列成语中各挑出一个字，串成孟浩然的一句诗。

秉烛夜游　继往开来　风尘仆仆　暴风骤雨　异口同声　花好月圆　落英缤纷　一知半解　见多识广　僧多粥少

_____

25 成语作家村

填成语，使填上的前后两个字组成古今作家名。

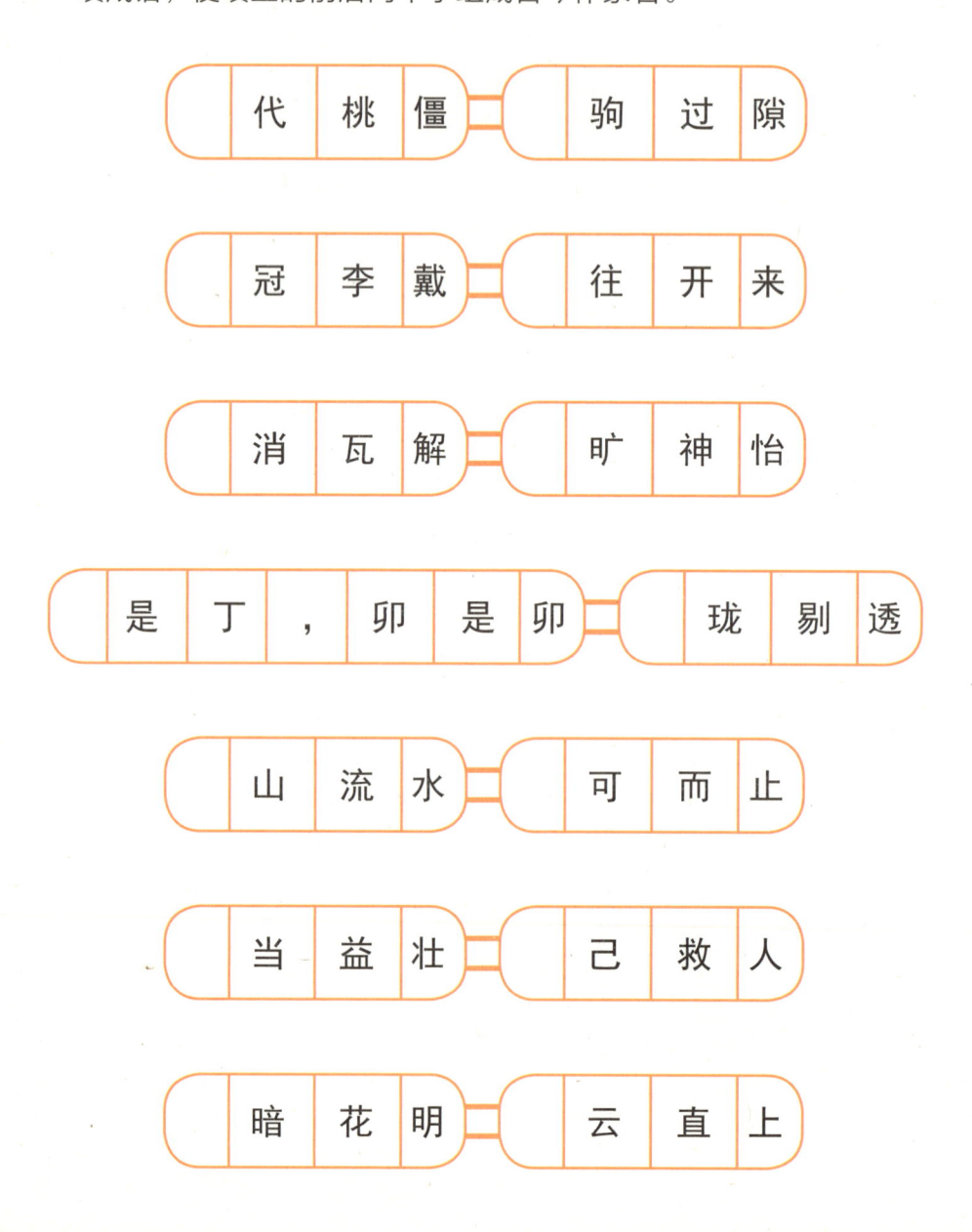

代 桃 僵 — 驹 过 隙

冠 李 戴 — 往 开 来

消 瓦 解 — 旷 神 怡

是 丁 ， 卯 是 卯 — 珑 剔 透

山 流 水 — 可 而 止

当 益 壮 — 己 救 人

暗 花 明 — 云 直 上

26 成语春天美

春天是美丽的，春天是奋发热情的。它绿了树，红了花，使万物充满了生机。请你在下面的空格里填上适当的字，组成与春有关的成语。

春	春	春	春	春	春
如	花	满	拂	秋	景
油	开	园	面	实	明

春	春	枯	妙		春	春
			春			
得	明	逢	回	白	大	水
意	媚	春	春	雪	地	暖

27 动物爱成语

你能根据小动物们说的话，猜出横线上分别应该填什么成语吗？

1. 乌鸦：人动不动就说"＿＿＿＿＿＿＿＿＿＿＿＿＿＿"，好像我们乌鸦天生不该被人喜欢似的。就长相和风度来说，我们乌鸦哪一点比天鹅差啊？

2. 猴子：人的帽子不是什么动物都可以戴的，不信你们让狗、牛、猪、驴、羊、马戴上帽子试试，压根就不会像人。咱们猴子"＿＿＿＿＿＿＿＿＿＿＿＿"，显得人模人样，不仅仅是帽子的功劳，更主要的是我们原本就是人类的祖先啊！

3. 猫头鹰：别总是被表象迷惑。我们"＿＿＿＿＿＿＿＿＿＿＿＿"，其实是一种策略：闭一只眼是让鼠辈充分表演，睁一只眼则是始终保持清醒。

4. 青蛙：井底下有鱼，有虾，有螃蟹，有蛤蟆，有昆虫，为什么单单拿我们青蛙来说事呢？是不是看咱这"＿＿＿＿＿＿＿＿＿＿"没有后台，觉得好欺负啊？

28 成语对联

对联在我国有很久远的历史，还有很多有趣的故事。读一读下面的故事，猜一猜横线上应该填什么成语。（提示：这个四字成语中有一对反义词）

从前，有一位老秀才乐于助人。乡亲们找他，他从不推辞，常给乡亲们写春联、婚联、寿联、挽联等对联，还会根据大家的家境、事由，把对联写得妙趣横生。

有一次，一户人家给儿子操办婚事，就请他写了婚联。谁知，新人刚拜完天地，家中年过八十岁的老爷子就咽气了。红事、白事同时出现，怎么办？管事的说："红事照常进行，暗中筹备白事。"于是人们急忙搭灵棚，准备办丧事。这时大门上的婚联就不太合适了。于是老秀才灵机一动，又写了一副对联，将原来的婚联换了下来。上联是："红喜事，白喜事，红白喜事。"下联是："哭不得，笑不得，哭笑不得。"横批是："＿＿＿＿＿＿＿＿＿。"大家一看都拍手叫绝。

29 成语藏头谜

在下面的空格中填上适当的字，使每一竖排都组成一个四字成语。填出的字恰好组成两个字谜，你能猜出这两个字分别是什么吗？

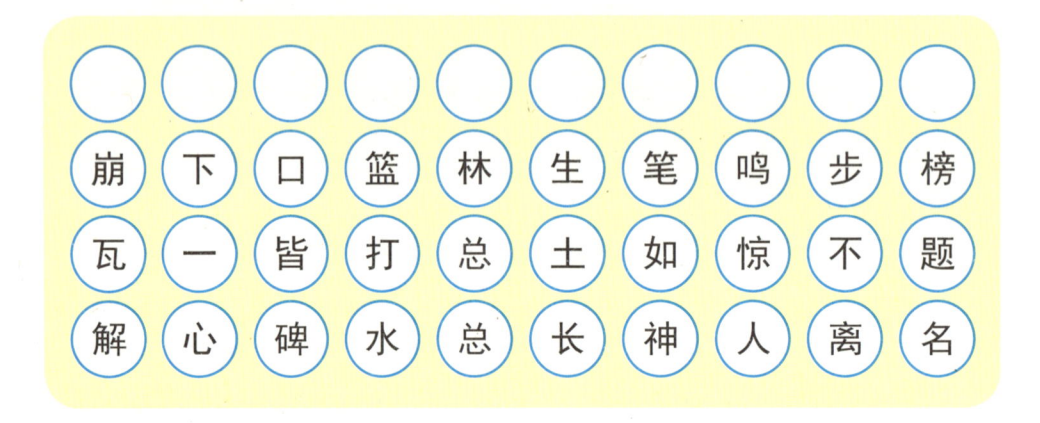

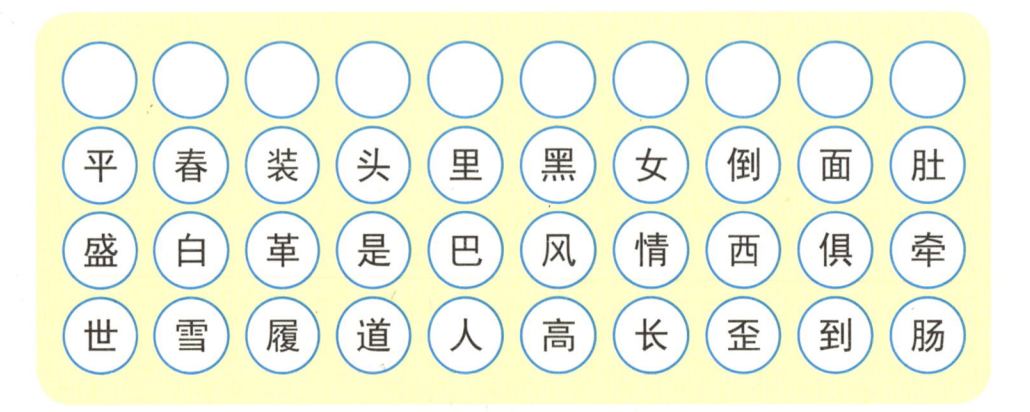

○	○	○	○	○	○	○	○	○	○
崩	下	口	篮	林	生	笔	鸣	步	榜
瓦	一	皆	打	总	土	如	惊	不	题
解	心	碑	水	总	长	神	人	离	名

○	○	○	○	○	○	○	○	○	○
平	春	装	头	里	黑	女	倒	面	肚
盛	白	革	是	巴	风	情	西	俱	牵
世	雪	履	道	人	高	长	歪	到	肠

074

30 成语色彩馆

请用表示颜色的字把下面的成语补充完整。

（　）草如茵

（　）装素裹

信口雌（　）

炉火纯（　）

（　）气东来

（　）心丧气

平（　）无故

山（　）水秀

（　）出于（　）

筚路（　）缕

唇（　）齿（　）

面（　）耳（　）

花（　）柳（　）

平步（　）云

（　）（　）分明

油头（　）面

31 诗歌猜成语

读诗句，猜成语。

1. 此曲只应天上有
2. 凭君传语报平安
3. 说尽心中无限事
4. 舍南舍北皆春水

32 字词猜成语

根据下列字或词的意思猜成语。

1. 勉强凑够十五

2. 广东人唱京剧

3. 黯

4. 躺着才舒服

5. 禁止叫好

6. 走迷宫

第三章

故事猜成语

越玩越聪明的成语游戏

> 你知道这些故事吗？你能根据故事内容得到什么成语呢？快来读一读。

1 老翁与马

古代有一老翁，住在靠近匈奴的北部边境。有一次，他外出牧马，回来的时候清点马匹，发现走失了一匹母马。

邻居们听说老翁家丢失了一匹母马，都跑来安慰他。老翁很感谢邻居们，笑着说："只是丢失了一匹马，损失不大，也许会带来什么福气呢！"

邻居们听了，觉得老翁可能是伤心过度说胡话。大家又劝慰了几句，就回家去了。

过了没多久，老翁家丢失的母马竟然回来了，还带回了一匹匈奴的骏马。

邻居们又跑来祝贺，都说老翁很有先见之明，丢失的母马果然带来了好福气。

可老翁并没有表现出欢喜的样子，而是忧心忡忡地自言自语："白白得了一匹骏马，也不知道是好事还是坏事，可别惹出什么祸事来。"

邻居们都觉得老翁是故作姿态，掩饰自己内心的喜悦，说不定心里都乐开了花。邻居们也不理会，待了会儿就走了。

老翁有一个独生子，从小就喜欢骑马。自从那匹匈奴的骏马到来，他的眼睛就一刻也没有离开过它，怎么看都觉得远超自己家的马。互相熟悉了之后，老翁的儿子就天天骑着这匹马到处游玩。有一次，老翁的儿子骑着匈奴马疾驰，不小心从马背上跌了下来，把腿摔断了。

邻居们跑来安慰老翁，老翁却说："他虽然摔断了腿，却保全了性命，或许也是福气呢！"

没过多久，匈奴大举侵犯，乡里的年轻人都被征进了军队。战争结束后，活着回来的年轻人很少，而老翁的儿子却因为摔断了腿无法应征，从而保全了性命。

2 秦国与晋国

秦穆公为了能和中原地区的国家友好相处，派使者去晋国请求和亲。晋献公同意了，把自己的大女儿嫁给了秦穆公。晋献公到了晚年，非常昏庸，想要让自己的小儿子当继承人，居然派人逼死了太子申生。他的另外两个儿子知道后很害怕，决定离开晋国。公子夷吾逃去了梁国，公子重耳逃去了翟国。

后来公子夷吾在秦穆公的帮助下，回到晋国当上了晋国国君。但不久以后，夷吾就跟秦国闹翻了，还出兵攻打秦国。可惜这场战争不仅失败了，而且晋国还不得不把夷吾的儿子公子圉送去秦国当人质，这样晋国和秦国的关系才重新好了起来。公子圉到了秦国后，秦穆公把自己的女儿怀嬴嫁给了他，想让他亲近秦国。不久，公子圉知道夷吾病重了，他怕自己在秦国再待下去，夷吾就会把国君之位传给别人，于是偷偷离开秦国回到了晋国。秦穆公知道后非常生气，决定帮助公子重耳当上晋国国君。秦穆公派人把已经逃到楚国的重耳请到了秦国，又把女儿怀嬴改嫁给他。

第二年，夷吾死了，公子圉马上成了晋国的国君。在他的统治下，晋国跟秦国完全没有来往，关系非常冷淡。后来公子重耳在秦穆公的帮助下，打败公子圉当上了晋国的新国君，这就是"春秋五霸"之一的晋文公。

3 南郭先生

战国时期，齐宣王特别爱听人用竽来吹奏乐曲。为了显示自己作为国君的气势和排场，他每次都一定要三百个吹竽的乐师来合奏。为此，他专门在王宫里聘请了许多会吹竽的乐师，给予他们非常优厚的待遇。

有一个姓南郭的人知道了这件事，觉得有利可图，就去求见齐宣王，向他大大地吹嘘了一番："大王，我是这个国家里最会吹竽的乐师，但凡听过我吹竽的人，没有一个不被我感动到痛哭流涕的，就连鸟兽听了都会跟着旋律舞动，花草听了也会跟着节奏摆动。我愿意用我精湛的吹竽技巧为您演奏动人的乐曲。"齐宣王听了南郭先生这番话，十分高兴地收下了他，

让他与三百人的吹竽队伍一起吹奏，和大家享有同样优厚的待遇。

　　南郭先生心里非常得意。其实他对吹竽根本一窍不通，每次一到要演奏的时候，他就躲在队伍中一个不起眼的地方，摇头晃脑地捧着竽，做出一副忘我陶醉、用心吹奏的样子来，实际上他的竽一点儿声音都没发出来。他就这样靠自己"精彩"的表演骗过了所有人的眼睛，心安理得地享受着乐师的待遇。

　　可惜没过多久，爱听人合奏的齐宣王去世了，他的儿子齐湣王成了齐国新的国君。齐湣王也非常喜爱听人吹竽，但他不像父亲那样喜欢让许多人在一起合奏，只喜欢听人独奏。于是齐湣王要求乐师们轮流来为他演奏。

　　南郭先生一听说这个消息，就知道这下再也瞒不过去了。于是他在一天夜里，趁着夜色灰溜溜地逃命去了。

4　陈寔与小偷

　　东汉的时候，有一个非常忠厚老实的人，名叫陈寔。因为他为人正直又诚恳，大家都非常尊重他。有一年粮食的收成不好，很多人都吃不饱饭，只好做起偷鸡摸狗的事情来。

　　这天夜晚，有一个小偷溜进陈寔的家，悄悄爬上了他家大厅的房梁，准备等到大家都睡着以后就开始偷东西。其实，陈寔早就发现了他，但他假装没有看到，反而把全家人都叫到了大厅，郑重地说："你

们知道人生在世只有短短的几十年吗？我们如果不抓紧时间努力，到老了再想努力就来不及了。世上确实有不努力、只愿意享受的人，但是他们的本性也不坏，只不过是没有养成好的习惯而已，这位躲在房梁上的君子就是一个例子。"

小偷躲在房梁上，看见下面所有人都抬起头来看他，吓得出了一身冷汗，立马下来，跪在陈寔的面前求饶。陈寔的脸上挂着慈善的笑容，对小偷说："我看你的模样，并不像是恶人，可能是为生活所迫才干起了这种勾当。我现在给你一些钱，你就不要再做这种事情了，要成为真正的君子，做一个有用的人。"

后来，这个小偷弃恶从善，成了一个被众人称赞的好青年。

5 表里不一的李林甫

唐玄宗时期有一个叫李林甫的大臣，他很有才能，书法和绘画的水平都不错。他对玄宗的旨意总是极力迎合，又使用许多不正当的手段获得了玄宗身边的宦官和妃子的支持，因此很得玄宗宠幸，在朝中连续做了十九年的官。

李林甫在与别人交往的过程中，行为举止十分得体，嘴里说的也都是善意、好听的话，让人对他充满好感，但实际上他的性情与他的表面态度截然相反。他极其阴险狡诈，凡是让他稍感不悦的人，他都不会放过，在背后出各种坏主意害人。日子久了，人们发现了他心口不一的真面目，便说他嘴巴像抹了蜜一样甜，但心里十分阴险。

6 蔺相如与廉颇

蔺相如与廉颇都是战国时期赵国的重臣。蔺相如因为立了好几次大功，被封为相国，地位比大将军廉颇高。廉颇很不服气，私下里对别人说："我在战场浴血奋战才有今天的地位，他蔺相如凭什么比我地位高？我碰到他，一定要羞辱他一番。"

蔺相如听说以后，便尽量避免和廉颇碰面。一次外出时，蔺相如远远看到了廉颇，立马就掉转车头回避。蔺相如的门客知道了，都说蔺相如太害怕廉颇了。

蔺相如对门客说："面对秦王，我都毫不畏惧，又怎么会怕廉将军呢？但我知道，强大的秦国正是因为有我和廉将军在，才不敢攻打赵国。如果我们两个不和睦，岂不是给了秦国机会？所以我这样忍让，是为国家利益着想呀！"

廉颇听说了这些话，十分惭愧，便光着上身背着荆条来到蔺相如的门前请罪。蔺相如很欣赏廉颇知错就改的可贵品质，欣然与他结为至交。

7 匡衡读书

西汉时有一个小孩叫匡衡,他很喜欢读书,但家里很穷,所以他白天必须干活,晚上才有时间读书。可家里买不起灯油,晚上没法读书,这可把匡衡愁坏了。

一天晚上,匡衡正在屋里犯愁,忽然发现一丝亮光从墙壁上透过来。他仔细一看,原来是墙壁裂了一道缝隙,邻居家油灯的光透了过来。匡衡顿时有了主意。他找来凿子,在裂缝处凿出了一个小孔,立刻就有一束光透了过来。匡衡连忙拿起书,就着光认真看起来。从那以后,匡衡每天晚上都这样借着邻居家的光读书。

匡衡勤奋好学,后来终于成为大学问家。

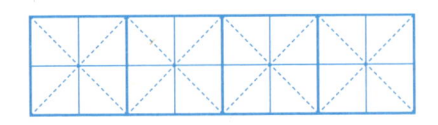

8 谨慎的季文子

季文子是春秋时期鲁国的大夫。他行事十分谨慎,一件事情总要反反复复想了又想之后才会去做。

孔子听说了季文子这种做事的态度,便说:"认真考虑两次也就行了。"他觉得做事之前要思考,但不主张过度思考。他提倡慎重,做事情之前先思考,弄清楚要做什么,会遇到什么困难,会有什么样的后果,行事时才能有的放矢,不偏离方向。但思考的次数不要太多,思考的时间不要太久。思考太多,往往会产生畏难情绪,导致放弃;

第三章·故事猜成语

思考太久，则会容易错失机会。遇事要思考，但不过度思考，才是大智慧。

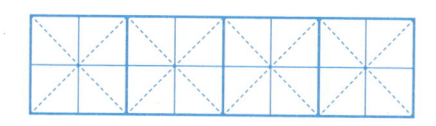

9 孔子读《周易》

春秋时期还没有发明造纸术，人们把竹子制作成一根根的竹简，用火烘干，然后在上面写字。竹简有一定的宽度和长度。一根竹简上面只能写一列字，多的一列能写几十个字，少的一列只能写八九个字。所以，写一本书要用很多竹简。人们把这些竹简用绳子编连起来才能阅读。《周易》这本书就是用熟牛皮绳把不计其数的竹简编连起来的，因此相当厚重。

孔子读《周易》，花费了很大的精力。他读完一遍，知道了《周易》的基本内容；接着开始读第二遍，把书中的要点、难点都弄清楚；然后再读第三遍，仔细思考每一个字的意思，用心领悟其中的精神和思想，还在上面添加了许多注释。

后来，孔子一边深入研究《周易》，一边为弟子讲解，又翻阅了不知多少遍竹简。就这样，孔子磨断了好几次串联竹简的熟牛皮绳，不得不多次换上新的绳子。

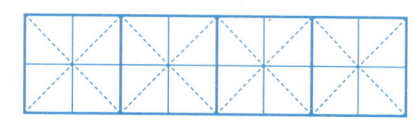

085

10 勾践报仇

春秋时期,吴王阖闾领兵进攻越国,在战斗中被砍伤,因为伤势太重,很快就去世了。他的儿子夫差继承了王位。三年后,夫差为了给父亲报仇,带兵攻打越国,一路势如破竹,攻下了越国的都城会稽。越王勾践投降后,夫差把他押解到吴国,关在阖闾墓旁的石屋里,让他看墓,养马。

勾践下决心要回去重振越国,于是忍辱负重,装作毫无志气的样子。渐渐地,夫差对他放松了警惕。三年后,夫差释放了他。

回到越国后,勾践带头日夜苦干,想要早日积聚力量报仇雪恨。为了时刻激励自己,他采取了两条特别的措施。一是"卧薪",勾践每天晚上睡觉时不垫褥子,而是直接躺在柴草上。柴草扎着皮肤,很不舒服,他以此来告诫自己,国耻未报,不能贪图舒服。二是"尝胆",勾践在起居的地方挂了一个苦胆,每天出入和睡觉前都会尝一尝,提醒自己不要忘记在吴国经历的耻辱和痛苦。

勾践还常常扛着锄头,下田和百姓一起劳动。百姓深受感动。就这样,全国上下一心,经过十年的艰苦奋斗,越国越来越强大,终于抓住时机起兵消灭了吴国。

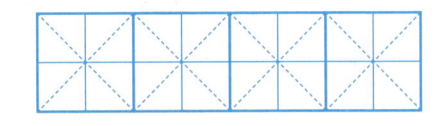

第三章·故事猜成语

11 董仲舒与花园

董仲舒是西汉时有名的儒学大师。他小时候十分喜欢学习，经常通宵达旦，废寝忘食。他的父亲董太公怕孩子熬坏了身体，所以非常着急。为了能让孩子休息休息，他打算在屋子后面修建一个花园，让孩子读书之余可以到花园里散散心。

第一年，董太公准备好砖瓦木料，开始动工。很快，一座座精美的亭子建起来了，一条条蜿蜒的小路也铺好了。花园里鸟语花香、阳光明媚。董仲舒的姐姐邀请他到花园中玩，可他摇摇头，手捧竹简，继续在屋子里背诵《诗经》，学习孔子的《春秋》。

第二年，花园里建起了一座假山，亲戚和邻居的孩子全都爬到假山上玩耍。孩子们叫董仲舒一起来玩，他一动不动地低着头，专心致志地写诗文。

第三年，花园终于建好了。董家的亲朋好友全部携家属前来参观，纷纷赞叹花园的漂亮和精致。董仲舒的父母叫他去花园游玩，他只是点点头，便继续去读书学习了。中秋节的晚上，全家人坐在花园中赏月吃月饼，而董仲舒却在这个时候，找先生请教诗文去了。

一年年过去，董仲舒读的书越来越多，他读遍了道家、儒家、法家、阴阳家等各家的书籍，最后终于成了一代儒学大师。

087

12　孟子劝齐宣王

战国时期，齐宣王想要称霸天下，准备训练军队去攻打其他国家。孟子知道了这件事，问齐宣王："您为什么一定要将士们冒着生命危险去招来其他国家的怨恨呢？这样您的心里才会痛快吗？"

齐宣王回答说："不，这是为了实现我称霸天下的愿望。只有实现了这个愿望，我的心里才会痛快啊！"

孟子叹息着摇了摇头，说："如果是这样的话，从您现在的做法来看，想要实现您的愿望，就好像爬到树上去捉鱼一样，是不可能的。"

齐宣王惊讶地问："事情竟然会这么严重吗？"孟子严肃地说："恐怕比这个更严重！爬到树上去捉鱼最多只是捉不到鱼，没有收获而已，还不至于有什么灾祸。可是，您如果打算用武力去攻打其他国家，不但不能实现您的愿望，反而还会因为战争给百姓们带来灾祸，百姓们痛恨您，不但不会接受您的统治，还可能会反抗您啊！"

13　蔡邕识才

东汉时期的蔡邕是杰出的文学家、书法家。他才华横溢，十分好客，因此来他家里拜访的客人络绎不绝。

当时，有一位叫王粲的年轻人，很有才华。有一天，王粲来到长安，特意去拜访蔡邕。这时，蔡邕因为工作劳累，正在休息。一听仆人说王粲来了，蔡邕急急忙忙出门迎接，因为走得太急，竟然连鞋子都穿反了。把王粲迎进家里后，蔡邕设宴邀请了很多客人把王粲介绍给他们。

客人们看着身材矮小、其貌不扬的王粲，心里十分惊讶。蔡邕却说："王粲这个年轻人，有非凡的才华，我比不上他。"

后来，王粲果然成了著名的文学家，是"建安七子"之一。

14　孔子的弟子

在孔子众多的弟子当中，有一个长相英俊又能说会道的弟子叫宰予。孔子十分喜欢这个弟子。但是没过多久，宰予就渐渐露出了懒惰的本性。白天别人在学堂里读书，他却躺在床上睡觉。孔子知道了，非常生气，说他是"朽木不可雕也"。

孔子的另一个弟子子羽，恰恰和宰予相反。他是一个身材矮小、相貌丑陋的人。孔子认为他成不了大器，对他很冷淡。后来，子羽却成了有名的学者，跟随他的弟子多达三百人，他的名气传遍了各诸侯国。

孔子知道这些消息后感慨地说："我凭着一个人的语言好坏去判断他的能力，就判断错了宰予这个人；凭着一个人的长相美丑去判断他的能力，又判断错了子羽这个人啊。"

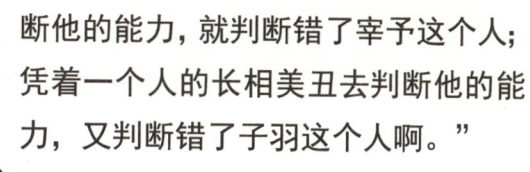

15 难民拒食

春秋时期,齐国发生饥荒,国内到处都是流离失所的难民,他们都非常饥饿。有一个有钱人名叫黔敖,他不忍心看到这样的场景,于是就在家里准备了很多食物,每天把它们摆在路边让路过的难民免费吃。

有一天,一个穿着破烂衣服、走路还摇摇晃晃的难民从黔敖家门前走过。黔敖一见他这样,马上拿起食物,还端起一碗汤,对那个难民说:"喂,过来吃吧。"

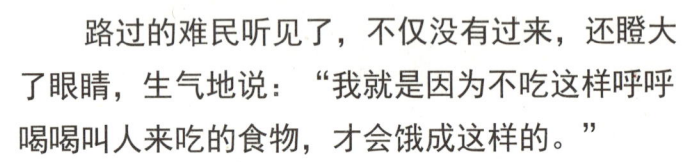

路过的难民听见了,不仅没有过来,还瞪大了眼睛,生气地说:"我就是因为不吃这样呼呼喝喝叫人来吃的食物,才会饿成这样的。"

黔敖看见他的态度,立刻认识到了自己的错误,马上道歉:"对不起,我错了!请你吃下这些食物吧!"但这个难民还是拒绝食用,最后饥饿而死。

16 谦虚的魏绛

春秋时期,有一次晋国联合宋、齐等很多国家一起围攻郑国。郑国的国君知道自己获胜的把握不大,赶紧派人带着大批的珍宝去向晋国求和。

晋国的国君晋悼公接见了郑国的使者，接受了这些礼物，还把其中的一部分赏赐给了大臣魏绛。晋悼公说："这次多亏了你的计谋，郑国才会送来这些珍宝。我们跟其他国家的关系也很和谐。让我们一起来享受吧！"

可是魏绛十分平静地摇了摇头，不仅没有接受晋悼公的赏赐，还劝告晋悼公说："这次计划能成功，首功应该是您，然后再是大臣们的努力。而我的力量其实微不足道。不过，我希望您在享受成功的同时，也能够考虑可能会发生的危险，这样才能做好准备，避免发生灾祸。"

晋悼公很感动，从此对魏绛更加器重了。

17 石厚问父

春秋时候，卫桓公被自己的弟弟州吁杀死了，州吁坐上了国君的位置。后来，州吁非常担心自己的王位坐不稳当，于是，他的心腹石厚就去问自己的父亲石碏，怎样才能稳定州吁的地位。

石碏在卫国做了许多年的大臣，立即给出了答复："周天子掌管诸侯，如果他许可了，那州吁的位置就能坐稳。"石厚立刻反问道："可是州吁是杀死了自己的哥哥才坐上了王位的，要是周天子不允许他当国君，那该怎么办呢？"石碏露出沉思的表情道："听说周天子非常信任陈桓公，陈国又和我们卫国的关系和谐。"话还没说完，石厚就自顾自地说："请陈桓公帮忙？"石碏笑而不语。

于是，州吁和石厚带着好几马车的宝物，亲自赶到陈国，想要请陈桓公帮忙。令人没想到的是，陈桓公立马把他们关了起来。后来才知道，是石碏亲自写信与陈桓公商量，抓住了这两个杀害国君的凶手。

18 夜郎国王

古时候，有一个国家名叫夜郎。它国土面积小，生活在这里的人也不多，就连物资都不丰富。可是在西南这一区域中，夜郎却是面积最大的国家。夜郎国王从来没有离开过这个区域，也不知道外面的世界有多宽广，总觉得这个国家就是天底下最大、最好、人口最多的国家。

有一天，夜郎国君臣一起散步，国王心中突然生出豪气，他指着远方问大臣们："天底下哪个国家最大最好呀？"大臣们为了巴结国王，异口同声地说："夜郎最大最好！"

国王十分高兴，忽然又指着远方的高山问大臣们："世间还有没有山比它更高？"大臣们谄媚地笑答道："此山最高。"

他们又走了一会儿，到了河边，国王又自豪地说："这就是天底下最长的河。"大臣们依然拍马屁道："大王英明。"

此后，夜郎国王更加坚信自己的国家是世间最大的，不论在谁面前都夸耀不已。

第三章·故事猜成语

19 项羽的战斗之心

秦朝末年，项羽起义后打了很多胜仗，名气非常大。有一次，他派部下渡过漳河，救援巨鹿。战争取得一些胜利后，部下又派人来请项羽增援。

项羽想要实现自己的雄心，但是他也知道，光自己有战斗之心并不够，他的士兵要和他一样有这样的想法，他们才能成功。

于是，项羽召集了他麾下所有的士兵，一起渡过了漳河。等到了对岸，项羽当着所有人的面，把船全部弄沉，把锅碗全部砸碎，把军营全部烧毁，命令所有人只带上三天的干粮。士兵们都很震惊，疑惑为什么要这样做，项羽说："既然我们出来打仗，就一定要有胜利的决心！"

士兵们都被他的气势感染，也深知没有退还之路，只能拼死战斗。他们在战场上殊死搏斗，势如破竹。其他人听说后，都很害怕项羽和他的部队，纷纷归顺了他。

20 廉洁的于谦

于谦是明朝时期的官员，他做官廉洁，为人耿直。于谦生活的那个时代，朝堂上贪污成风，官员大肆收取贿赂。当时各地官员进京，都要从老百姓那里搜刮许多钱财和土特产，进京后除了献给皇上，还要送给朝中的权贵。

于谦却不愿意这样。他每次进京，别说金银财宝了，就连多余的行李也不带。他的同僚劝他说："你即使不献金银，至少也应该带一些土特产来打点一下呀！"

于谦笑着举起袖子，风趣地说："我带了呀，你看我带了清风来，藏在袖子里呢！"于谦用清风嘲讽了那些大贪官。

他曾写过一首《入京》，表明他的态度：

绢帕麻菇与线香，本资民用反为殃。
清风两袖朝天去，免得闾阎话短长。

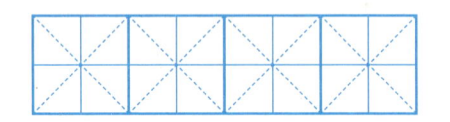

21 伯牙绝弦

伯牙从小就非常喜欢弹琴。他弹琴的技艺高超，琴声悠扬悦耳。虽然有很多人都赞美伯牙的琴艺，但他始终认为没有遇到能真正听懂他琴声的知音。

有一次，伯牙奉晋国国君的命令出使楚国。八月十五日，伯牙乘船停留在汉阳江口，看着天空的明月，他不禁抚琴而弹。这时，伯牙看到一个人立在岸边一动不动，他吃了一惊，手不自觉地用力，琴弦被他不小心弄断了一根。

岸边的人看到了，连忙喊道：

"先生，我只是一个砍柴的樵夫，路过这里时，被您的琴声吸引，所以才站在这里听您弹奏。"

伯牙心想："一个路过的樵夫，怎么能听懂我弹的琴呢？"

于是伯牙问道："既然你懂琴，那就请你讲讲我弹的是哪首曲子。"

樵夫回答道："先生，您所弹奏的是孔子赞叹弟子颜回的曲子，可惜您刚弹到第四句的时候，琴弦不小心断掉了。"

伯牙于是邀请樵夫来船上，又开始弹琴。当他的琴声雄壮高亢的时候，樵夫说："听到这琴声，我好像看到了巍峨的高山。"当琴声变得清新舒畅时，樵夫说："听到这琴声，我好像看到了无尽的流水。"

伯牙感到非常开心，在这荒郊野岭，竟然遇见了寻觅许久的知音。伯牙知道了樵夫的名字叫钟子期，他们彼此约定来年的中秋再次来这里相会。第二年中秋，伯牙如约而至，可是等了很久都没有等到钟子期。他打听之后才知道，原来钟子期已经得病去世了。失去知音的伯牙伤心万分，他来到钟子期的坟前，弹了一首《高山流水》。曲终，伯牙用刀挑断了琴弦，并把自己的琴摔了个粉碎。

伯牙伤心地说："我的知音已经不在了，我还能弹琴给谁听呢？"

22 祖逖练剑

晋朝的祖逖是一个有远大抱负的人。他从小就立志要报效国家，收复中原的失地，因此他十分勤奋地读书、习武。

他有一个好朋友叫刘琨，两人常常同吃同住。一天夜里，祖逖在睡梦中被公鸡打鸣的声音吵醒，他一脚把睡在旁边的刘琨踢醒，问道："你听到鸡叫的声音了吗？"

刘琨迷迷糊糊地摇摇头。

祖逖说："这声音倒是不那么让人厌恶，因为鸡叫就意味着新的一天开始了，我们可以起床练剑了。"

刘琨同意了。

从此以后，他们坚持每天在鸡叫一遍后就起床练剑、看书，从来没有偷过懒。

皇天不负有心人，经过不断的努力，祖逖和刘琨都成了晋朝的栋梁之材。祖逖当上了将军，开始施展他的远大抱负。

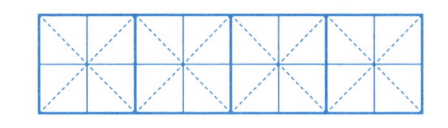

23 思乡的张翰

晋代有一个叫张翰的人，因为才华出众，被征召到千里之外的洛阳，担任齐王司马冏的属官。

在洛阳做官之后，他曾对同乡顾荣说："当今天下战乱纷纷，战祸不断。我只是普通人，对当官实在没有什么期望。"

一年秋天，张翰走在洛阳的街头，感受到阵阵秋风，秋风里还有泥土的味道。他突然产生了强烈的思乡之情。接着，他想起了家乡苏州的美味——莼菜羹和鲈鱼脍，舌尖似乎也感受到了家乡的味道，更加思念家乡。他感叹道："人最可贵的是能够遵循自己的想法行事。既然我这么想念故乡，何必要跑到千里之外的洛阳，当一个让自己不开心的官呢？"

于是，他毫不犹豫地辞了官，直接驾着马车回到了自己的故乡。

24 来俊臣的妙计

为了镇压反对自己的人，女皇武则天任用了一批残酷的官吏。这其中以来俊臣和周兴最为残暴凶狠。他们用肮脏的手段，陷害了一大批正直的官员。

有一天，有人给武则天递交了一封密信，告发周兴意图造反。武则天非常生气，马上叫来了来俊臣，令他严查。来俊臣接了任务，心里可犯了难："这个周兴平时最狡诈，我如果直接上门调查，他一定不会说实话。万一走漏了风声，事情没办好，陛下一定不会放过我。"绞尽脑汁思考了半天，来俊臣终于想出了一条妙计。

来俊臣以喝酒的名义，把周兴请到了家里。两个人把酒言欢，好不畅快。喝着喝着，来俊臣突然叹了口气道："弟弟我近日办案，遇到了一个死不认罪的犯人，不知哥哥可有办法？"周兴得意地说道："你找一个大瓮，放到火上，再把犯人弄进大瓮。哪个犯人不招供呢？"来俊臣对这个方法赞不绝口，命人照周兴的话在堂前烧起大瓮来。周兴正不解，来俊臣突然拉下脸来："陛下听说你要谋反，令我彻查此事。

现在你是要自己招供呢,还是要试试这大瓮呢?"

周兴一听,吓得魂飞魄散,双腿一软跪倒在地,不停磕头道:"我认罪,我认罪,我招供,我招供。"后来周兴被流放到边疆去了。

25 海路追击

相传,在唐朝初年,唐太宗李世民亲自带兵讨伐高句丽,在辽东击败高句丽渊盖苏文的军队,渊盖苏文见大势已去,就带领少数士兵慌忙逃回朝鲜半岛。

唐太宗经过深思熟虑,决定从海路追击。他带领部下来到海边,看到前面波涛翻滚,一片苍茫,忽然感到一阵晕眩,差点从马背上摔下来。

大军已经全部赶到,战船也都准备就绪,唐太宗却打定主意不上船,不管谁来劝说都没有用。

行军总管张士贵见劝说无效,只好闷闷不乐地回到营帐,不知道到底该怎么办。就在此时,副将薛仁贵走了进来,他拱了拱手:"张总管,皇上不肯渡海,您也是在为这件事发愁吧?"张士贵无奈地说:"正是因为这件事情,我现在束手无策,你有什么办法吗?"于是薛仁贵把自己的想法说了出来,张士贵听了大喜过望,认为这个计策一定能奏效。

过了几天,张士贵等人邀请唐太宗来到一座华丽的宫殿,唐太宗非常高兴,跟大家开怀畅饮。大家都来给唐太宗敬酒,唐太宗很快就趴在那里睡着了。

第二天早上,唐太宗醒了过来。他坐了起来,只见房间装饰得富丽堂皇，华美无比，连四周的窗户都用上好的丝绸遮住了。就在这个时候，张士贵等人走了进来，又摆了满满一桌美味的菜肴，极力邀请唐太宗享用。没过多久，唐太宗就不胜酒力睡着了。

到了第三天，唐太宗实在忍不住了，就打开房门走了出去，结果刚出去就愣住了，原来外面就是大海，而自己正站在一艘船上面！唐太宗恍然大悟，明白这一切都是张士贵的良苦用心。他不但没有生气，反而奖励了张士贵和薛仁贵等人。

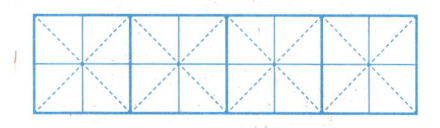

26 岳飞保家卫国

岳飞是宋朝时期抗击北方金人南侵的爱国大将军，也是中国历史上伟大的军事家和诗人。岳飞二十岁的时候，就毅然投身军队。不久后，岳飞的父亲去世，于是他回到了家乡守孝。

1125年，金国大举兴兵侵略。第二年，岳飞决定再次投军，保家卫国。这天晚上，岳飞的母亲把他叫到面前问话："现在国家危难，你有什么打算呢？"

"我要上战场，精忠报国。"岳飞眼神坚定道。

母亲听了，非常满意岳飞的回答。她决定把"精忠报国"四个字刺在儿子的后背，让他永远不要忘记自己说过的话。

岳飞解开上衣，瘦弱的身躯没有一丝动摇。

母亲问："孩子，你怕不怕？"

岳飞毫无畏惧地说："母亲，若是我连小小绣花针都害怕，又怎么能上前线杀敌呢？"

母亲在岳飞的背上刺出密密麻麻的针孔，构成了"精忠报国"四个大字。刺完之后，母亲又在上面涂上墨汁。从此以后，"精忠报国"四个字刻在了岳飞的背上，也深深地刻在了他的心里，永不褪色。

岳飞这一次参军后，很快就因为武艺高超、作战勇敢升任为秉义郎。后来，岳飞又展现出了卓越的军事能力，带领军队打了许多次胜仗。他统领的军队甚至得到了敌军的极高评价："撼山易，撼岳家军难。"

27 宰相赵普

赵普是北宋名臣，他协助宋太祖赵匡胤发动"陈桥兵变"建立宋朝，后来当上了宋朝的宰相。

早年在朝为官的时候，赵普的文化程度并不高，和其他文臣比起来，他要逊色很多。赵匡胤对赵普的情况非常了解，告诉他只有多读书才能提升文化修养。赵普下定决心开始读书，每次退朝回家，就把自己关在房间里认真读书。过了一段时间，他办理公务的效率得到了很大的提升。后来，他的家人无意间发现，他每天读的书只是一本《论语》而已。

宋太宗赵光义继承帝位之后，仍然任命赵普担任宰相。赵普处理公务兢兢业业，深得宋太宗器重。一次，宋太宗无意间问道："我听说你平时看的书只有一本《论语》，果真如此吗？"赵普认认真真地说："我的见解的确没超出《论语》这本书的范围，修养道德、治国理政的道理，《论语》里都有。以前我凭借半部《论语》帮助太祖取得天下，现在我还要用半部《论语》帮助您治理天下。"宋太宗听后赞叹不已。

赵普去世之后，家人整理他的遗物，发现书箱里面除了一部《论语》之外什么也没有。于是，"半部《论语》治天下"的说法就流传开了。

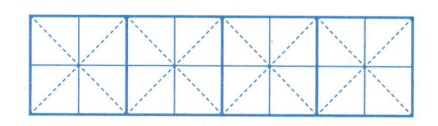

28 司马光早起

北宋时有一个著名的政治家兼文学家，名叫司马光。他从小就十分聪明，但是爱睡懒觉，因此上学经常迟到，教书的先生没少责罚他。

一天，司马光又睡过了头，起来后连忙拿起书本往学堂赶，到学堂的时候已经很晚了。先生生气而又无奈地对司马光说："你是一个聪明的孩子，只要改掉睡懒觉的坏习惯，一定会有很大的出息。"

司马光听了之后感到十分惭愧，他暗暗下定决心，一定要改掉这个坏习惯。

回到家里，司马光心想：只要我在睡觉前多喝点水，第二天早上一定会因为想上厕所而醒来。

于是，这天睡觉前，司马光喝了一大壶水。可是到了第二天，他还是很晚才醒来。

101

司马光非常懊恼，他想了很久，却想不出任何办法。一天，司马光从院子里走过的时候，看到墙边堆着几根木头，突然想出了一个好主意。他截了一段圆木，做了一个圆形的枕头，睡觉的时候，只要一翻身，圆木做的枕头就会滚动，这样，头就会撞到床板上，人也就醒了。

晚上的时候，司马光就枕着这个圆木枕头睡觉，一夜醒了好多次。虽然有些痛苦，但是司马光从此再也没有睡过懒觉，每天都早早地赶到学堂读书。

因为读书刻苦，加上天资聪颖，长大后，司马光考中了进士，被任命为朝廷的官员，为人民做了很多好事，成了国家的栋梁。

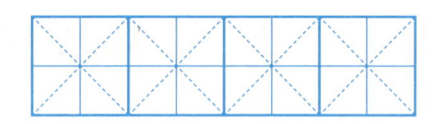

29 三请诸葛亮

汉朝末年，群雄并起，天下动荡不安。曹操在击败袁绍之后，逐渐平定了北方大部分地区。孙权继承父亲和哥哥的事业，牢牢控制住了江东。刘备身为皇室宗亲，立志匡扶汉室，不过由于早期实力不强，总是受到诸侯们的排挤。

刘备屯兵新野的时候，听说卧龙岗有一个叫诸葛亮的隐士，有经天纬地之才，人称"卧龙"。如果得到他的辅佐，一定能成就一番霸业。

于是，刘备准备好精美的礼物，带着关羽和张飞来到卧龙岗，前来拜访诸葛亮，并希望请他出山。不巧的是诸葛亮刚好不在家，刘备一行只得无功而返。

几天之后，天空忽然下起了大雪，刘备和关羽、张飞第二次去拜访诸葛亮。好不容易到了，门童却告诉他们诸葛亮拜访朋友去了。刘备只好交给门童一封亲笔信，表达了对诸葛亮的仰慕以及请他出山相助的愿望。

又过了一段时间，刘备决定再去请诸葛亮。关羽认为之所以两次都见不到诸葛亮，说不定是因为他只是有名无实，心虚不敢见面而已。张飞说他一个人去就可以，要是诸葛亮不同意，就把他绑回来。刘备对关羽和张飞进行了严厉的批评，然后第三次带着他们一起去卧龙岗请诸葛亮。

当他们来到诸葛亮家里的时候，诸葛亮刚好在屋里休息。刘备三人就恭恭敬敬地在旁边站着，直到诸葛亮睡醒，才互通姓名，到书房进行交谈。刘备直奔主题，向诸葛亮请教如何匡扶汉室。诸葛亮分析了当时全国的形势，说道："曹操控制中原和朝廷，挟天子以令诸侯；孙权占据江东富庶地区，物产丰饶且有长江天险。他们实力强大，现在还不能与之争锋。您可以占据荆州、攻取西川作为根据地进行经营，这样才能为统一天下奠定基础。"刘备十分赞同诸葛亮的见解，邀请他出山辅佐。诸葛亮看到刘备的确是一位贤明的君主，就答应了他的请求。

30 韩信与萧何

秦朝末年有一个叫韩信的年轻人，他家境贫寒，生活过得十分困难，因此也常被人瞧不起。为了实现抱负，他曾投入项羽帐下。雄心勃勃的他向项羽建言献策，但一个都没有被采纳。看到自己的才能无法施展，韩信便改投了刘邦。

到了刘邦门下，韩信也没有立马受到刘邦的重用，只做了一个管粮仓的小官。直到有一次，韩信遇到了萧何。在与韩信一番畅谈之后，萧何深深地为韩信的见解所折服，决定再次向刘邦推荐韩信，可他还没来得及向刘邦说明，灰心的韩信再次离开了。

得知韩信离开了，心急的萧何顾不上禀告刘邦，骑上战马就连夜出城追赶韩信。把韩信追回来后，萧何立马将韩信郑重地推荐给了刘邦。他对刘邦说："韩信是一个具有卓越的军事能力的人才，一定能对您夺取天下的大计有十分大的帮助。请您一定要重用此人。"听到萧何如此真挚地推荐韩信，刘邦立马将韩信封为大将军。

在以后的战争中，韩信用自己卓越的军事能力，为刘邦统一天下立下了汗马功劳。可刘邦登上皇位以后，对威名远播、实力强大的韩信越来越不放心。后来，他接二连三地给韩信降职，削减韩信手中的权力，让韩信从大权在握的大将军变成一个长安城中的富贵闲人。

不满权力被夺的韩信想要起兵谋反，却被人告发给刘邦的妻子吕后。想要除掉韩信的吕后与萧何商议，由萧何使计将韩信骗到了宫里，最后将他处死。

☐☐☐☐☐，☐☐☐☐☐

第四章

看图猜成语

越玩越聪明的 成语游戏

1. 清白
2. 霜雪霜
3. 口祸
4. 话话

106

第四章·看图猜成语

5
望 德

6
止

7

8
眉

越玩越聪明的 成语游戏

9

口 小 夬

10

能 能 能

11

	正	怀

12

合 应

第四章 • 看图猜成语

13

丰 可

14

天
谭

15

16
胆小

109

越玩越聪明的 成语游戏

17
井石

18
粥粥

19
是非

20

第四章 · 看图猜成语

21	22
恩 山 (天平)	势 竹

23	24
乌鸦、喜鹊（嘴上打叉）	公鸡与破蛋

111

越玩越聪明的 成语游戏

25

26

27

28

112

第四章·看图猜成语

29

形影

30

虎
羊

31

秋火
色

32

越玩越聪明的 成语游戏

33

34

疒
更更更

35

36

狼 狼 狼 狼

114

第四章 • 看图猜成语

37
官 官

38
語 語 語

39
坐
针针针针针针

40
密密

115

越玩越聪明的 成语游戏

41
肋肋

42
(酒 名 酒 丁)

43
呆

44
火岸目

116

第四章·看图猜成语

45

46

47

48

117

越玩越聪明 的 成语游戏

49

50

51
23456789

52

118

第四章・看图猜成语

53

步

54

苗

55

针
缝

56

危

119

越玩越聪明 的 成语游戏

57

58 独

59 封 封 封

60

120

第四章 • 看图猜成语

61

62 闹

63

64 中怒

越玩越聪明的 成语游戏

65

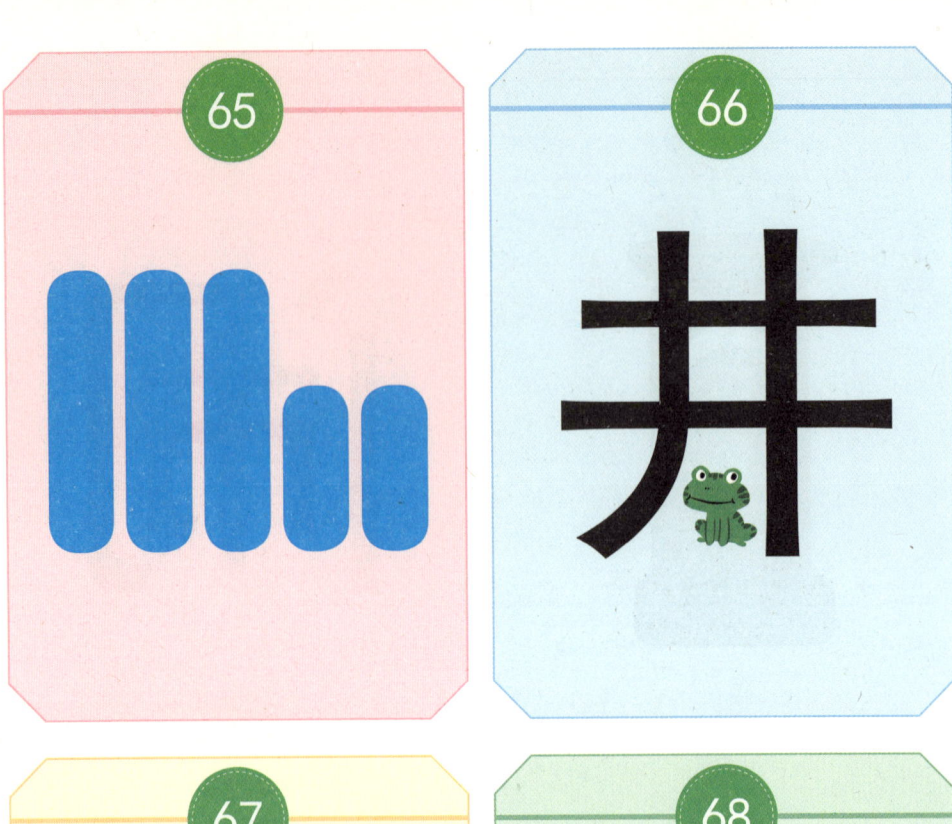

66
井

67

68

122

第四章·看图猜成语

69

70

71

72

123

越玩越聪明的 成语游戏

73

74

75

76

124

第四章 • 看图猜成语

77

胡

78

10000人

79

5　10

80

久等了

3 6

125

越玩越聪明 的 成语游戏

81

82

83

84

126

第四章 • 看图猜成语

85

86

87

88

127

越玩越聪明 的 成语游戏

89

90

91

92

128

第五章
灯谜猜成语

越玩越聪明 的 成语游戏

1
最快的速度。

2
最快的阅读。

3
最短的季节。

4
最重的话。

第五章·灯谜猜成语

5
最快的水流。

6
最干净的状态。

7
最昂贵的稿费。

8
最便宜的东西。

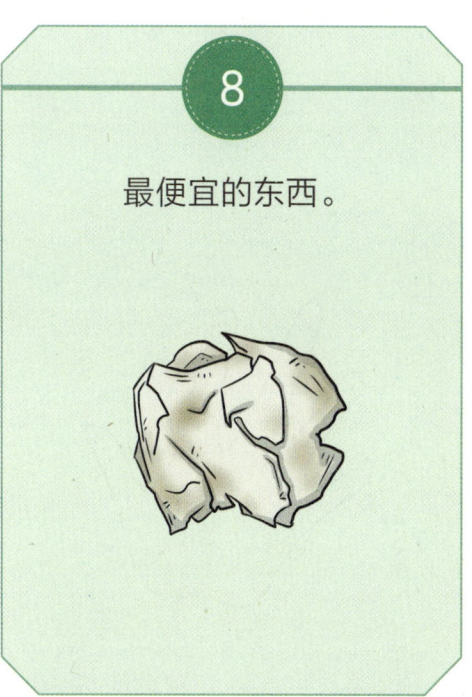

越玩越聪明的成语游戏

9 最宝贵的时间。

10 最赚钱的生意。

11 最大的手。

12 最大的家。

第五章·灯谜猜成语

13
最长的腿。

14
最长的口水。

15
最韧的头发。

16
最吝啬的人。

越玩越聪明的成语游戏

17
最完美的东西。

18
最美的梦。

19
最高的人。

20
最重的疾病。

第五章 • 灯谜猜成语

21
最反常的天气。

22
最长的日子。

23
最浪费的行为。

24
边走边说边哭。

越玩越聪明的成语游戏

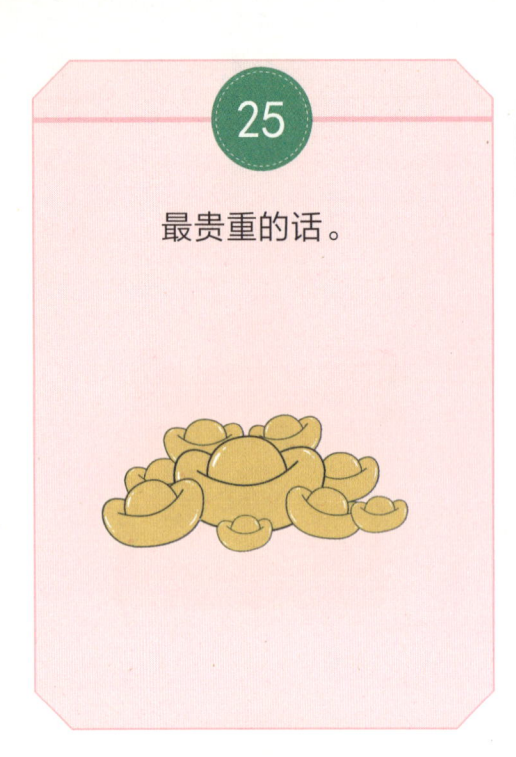

25 最贵重的话。

26 最难做的饭。

27 脸谱大全。

28 最狭窄的路。

第五章·灯谜猜成语

29
最危险的房子。

30
最远的地方。

31
年纪大了话多。

32
祖传医道。

越玩越聪明的成语游戏

33
歌坛伉俪。

34
爱玩铅球和垒球。

35
飞行员上班。

36
盲人摸象。

参考答案

第一章　成语接龙

同字成语接龙练习

　　海阔天空➡空穴来风➡风吹雨打➡打抱不平➡平步青云➡云淡风轻➡轻而易举➡举案齐眉➡眉飞色舞➡舞文弄墨➡墨守成规➡规圆矩方➡方寸之地➡地动山摇➡摇尾乞怜➡怜香惜玉

　　东张西望➡望穿秋水➡水泄不通➡通情达理➡理直气壮➡壮志凌云➡云合景从➡从容不迫➡迫不及待➡待字闺中➡中饱私囊➡囊萤映雪➡雪上加霜➡霜气横秋➡秋毫无犯➡犯颜直谏

　　本末倒置➡置之度外➡外强中干➡干柴烈火➡火上浇油➡油头粉面➡面目一新➡新仇旧恨➡恨之入骨➡骨肉相连➡连绵不断➡断章取义➡义无反顾➡顾盼神飞➡飞黄腾达➡达官贵人

　　四面楚歌➡歌舞升平➡平起平坐➡坐井观天➡天真烂漫➡漫不经心➡心乱如麻➡麻木不仁➡仁义之师➡师出无名➡名山大川➡川流不息➡息事宁人➡人穷志短➡短兵相接➡接踵而来

谐音成语接龙练习

　　炉火纯青➡轻而易举➡居高临下➡瑕不掩瑜➡鹬蚌相争➡正襟危坐➡作茧自缚➡富可敌国➡过眼云烟➡言不由衷➡钟灵毓秀➡休戚与共➡公私分明➡名胜古迹➡鸡飞蛋打➡答非所问

　　噤若寒蝉➡颤颤巍巍➡微言大义➡易如反掌➡张灯结彩➡才疏学浅➡前功尽弃➡气贯长虹➡红装素裹➡过河拆桥➡巧夺天工➡功成名就➡九牛一毛➡冒冒失失➡十全十美➡眉飞色舞

参考答案

添油加醋➝粗茶淡饭➝翻箱倒柜➝鬼斧神工➝公事公办➝半真半假➝价值连城➝程门立雪➝学富五车➝掣襟露肘➝周而复始➝事必躬亲➝琴心剑胆➝单刀赴会➝回肠荡气➝起早贪黑

于事无补➝不得要领➝玲珑剔透➝投鼠忌器➝欺软怕硬➝迎头痛击➝鸡飞蛋打➝大红大紫➝自讨苦吃➝持之以恒➝横槊赋诗➝恃才傲物➝无冬无夏➝虾兵蟹将➝江山如画➝花好月圆

绰约多姿➝自食其果➝国色天香➝相得益彰➝张冠李戴➝呆头呆脑➝恼羞成怒➝奴颜婢膝➝洗心革面➝绵延起伏➝釜底抽薪➝信马由缰➝江郎才尽➝金玉良言➝眼花缭乱➝鸾凤和鸣

第二章　成语填字

1. 成语诊所（一）

| 别出心裁 | 破釜沉舟 | 若即若离 | 噤若寒蝉 | 泾渭分明 |
| 憨态可掬 | 光怪陆离 | 墨守成规 | 老马识途 | 病入膏肓 |

2. 成语诊所（二）

| 脍炙人口 | 随心所欲 | 刻不容缓 | 其乐无穷 | 默默无闻 |
| 一鸣惊人 | 无微不至 | 喜出望外 | 步步高升 | 以貌取人 |

3. 成语诊所（三）

再接再厉	走投无路	迫不及待	改邪归正
天翻地覆	艰难险阻	南辕北辙	坐井观天
刻舟求剑	义不容辞	豪言壮语	盛气凌人
守株待兔	拔苗助长	无事生非	望文生义

141

4. 成语对对碰

①墨守成规　②人杰地灵　③老态龙钟　④空空如也

⑤无懈可击　⑥火上浇油　⑦从善如流　⑧杯弓蛇影

5. 成语加减法

（七）月流火＋（二）话不说＝（九）死一生

接（二）连三＋独（一）无二＝不（三）不四

日上（三）竿＋日复（一）日＝五湖（四）海

九九归（一）＋十有八（九）＝以一当（十）

横七竖（八）－低三下（四）＝丢三落（四）

五颜（六）色－入木（三）分＝半夜（三）更

朝（三）暮四－举（一）反三＝合（二）为一

（三）人成虎－（零）敲碎打＝（三）心二意

6. 成语四则运算

1. （一）波（三）折＋（四）分（五）裂＝（五）花（八）门
2. （十）全十美－（一）言九鼎＝（九）牛一毛
3. （五）光（十）色－（一）清（二）楚＝（四）通（八）达
4. 独（一）无（二）×（三）生有幸＝（三）头（六）臂
5. （百）炼成钢×（百）孔千疮＝（万）无一失
6. （半）路出家＋（半）途而废＝（一）事无成
7. （两）小无猜－（一）见如故＝（一）视同仁
8. 文房（四）宝×（三）阳开泰＝（一）清（二）楚
9. （九）霄云外÷（三）更半夜＝（三）姑六婆
10. （百）折不挠×流芳（百）世＝（万）世师表
11. （千）真（万）确÷（千）辛（万）苦＝（一）生（一）世
12. （四）通（八）达－（三）头（六）臂＝（一）石（二）鸟
13. （十）万火急－（九）霄云外＝（一）步登天

14. （八）面玲珑÷（四）面楚歌＝（两）面三刀

15. （一）举两得＋（一）拍即合＝（两）全其美

16. （三）顾茅庐－（一）字千金＝（二）话不说

17. （十）全十美－（七）手八脚＝（三）心二意

18. （四）分（五）裂－（一）日（三）省＝三心二意

19. （八）仙过海－（五）花八门＝（三）言两语

20. （两）虎相斗×（两）败俱伤＝（四）分五裂

21. （三）令（五）申＋举（一）反（三）＝四通八达

22. （一）日三秋＋（四）海为家＝（五）湖四海

23. （一）马当先＋（五）体投地＝（六）神无主

24. （十）拿九稳－（三）言两语＝七窍生烟

25. （三）头六臂＋（五）花八门＝八仙过海

26. （三）足鼎立×（三）教九流＝（九）霄云外

27. （一）字千金＋（九）牛一毛＝（十）万火急

28. （一）鸣惊人×（百）家争鸣＝（百）花齐放

29. （千）锤（百）炼×（一）呼（百）应＝（千）山（万）水

7. 成语数学园

1. 才高（八）斗
2. 退避（三）舍
3. 学富（五）车
4. 垂涎（三）尺
5. 南柯（一）梦
6. 判若（两）人
7. 进退（两）难
8. 包罗（万）象
9. 不（二）法门
10. （三）缄其口
11. （六）神无主
12. （百）步穿杨
13. （三）人成虎
14. （三）思而行
15. （百）感交集
16. （八）面玲珑
17. （百）折不挠
18. （十）面埋伏
19. （百）口莫辩
20. （三）足鼎立
21. （五）彩缤纷
22. （九）霄云外
23. （十）步芳草
24. （五）体投地
25. （四）面楚歌
26. 举（一）反（三）
27. 朝（三）暮（四）
28. 数（一）数（二）
29. 独（一）无（二）
30. 颠（三）倒（四）

143

31. 挑（三）拣（四） 32.（十）（万）火急 33. 略知（一）（二）
34.（一）波（三）折 35.（四）分（五）裂 36.（五）颜（六）色
37.（三）头（六）臂 38.（千）呼（万）唤 39.（五）光（十）色
40.（十）全（十）美

8. 成语魔方

古	今	中	外
万	古	长	青
古	色	古	香
名	垂	千	古

安	居	乐	业
居	安	思	危
治	国	安	邦
转	危	为	安

兔	死	狗	烹
狡	兔	三	窟
乌	飞	兔	走
守	株	待	兔

白	璧	无	瑕
黑	白	分	明
阳	春	白	雪
真	相	大	白

9. 成语叠叠乐

安安分分　大名鼎鼎　偷偷摸摸　井井有条　不了了之　为所欲为
密密麻麻　小心翼翼　大大咧咧　依依不舍　自欺欺人　忍无可忍

10. 成语健身馆

出人（头）地　　一（目）了然　　扬（眉）吐气　　千钧一（发）
掩（耳）盗铃　　另（眼）相看　　画龙点（睛）　　嗤之以（鼻）
一（手）遮天　　（心）乱如麻　　卑躬屈（膝）　　信（口）开河
燃（眉）之急　　画蛇添（足）　　脱胎换（骨）　　鱼（目）混珠
历历在（目）　　大快人（心）　　掩（耳）盗铃　　（唇）红齿白
（眉）飞色舞　　削（足）适履　　袖（手）旁观　　劈（头）盖脸
（眼）高（手）低　　　　　　　　（心）直（口）快
（眉）清（目）秀　　　　　　　　（口）蜜（腹）剑
油（嘴）滑（舌）　　　　　　　　推（心）置（腹）

蓬（头）垢（面）　　瞠（目）结（舌）
刻（骨）铭（心）　　挤（眉）弄（眼）
牵（肠）挂（肚）　　咬（牙）切（齿）
花（拳）绣（腿）　　虎（背）熊（腰）
赤（手）空（拳）　　抬（头）挺（胸）

11. 成语反义词（一）

弄巧成拙　　求同存异　　三长两短　　你死我活
阴阳怪气　　化敌为友　　口是心非　　拈轻怕重
生死攸关　　南辕北辙　　七上八下　　弄假成真

天经地义　　弱肉强食
悲喜交加　　横七竖八
东张西望　　有勇无谋

12. 成语反义词（二）

承（前）启（后）　　舍（近）求（远）
（内）忧（外）患　　化（敌）为（友）
（大）题（小）做　　扬（长）避（短）
弄（假）成（真）　　弃（暗）投（明）

博（古）通（今）　　拈（轻）怕（重）
（里）应（外）合　　（深）入（浅）出
争（先）恐（后）　　（优）胜（劣）汰
（冷）嘲（热）讽　　（苦）尽（甘）来

145

13. 成语智囊团

1. 神（机）妙（算）
2. 顶（天）立（地）
3. 持（之）以（恒）
4. 齐（心）协（力）
5. 理（直）气（壮）
6. 急（不）（可）待
7. 全（力）以（赴）
8. 情（不）自（禁）
9. 一（丝）不（苟）
10. 名（列）前（茅）
11. 眼（疾）手（快）
12. 目（不）转（睛）
13. 全（神）贯（注）
14. 独（一）无（二）
15. 良（师）益（友）
16. 雪（中）送（炭）
17. 手（不）释（卷）
18. 朝（气）蓬（勃）
19. 有（恃）无（恐）
20. 应（答）如（流）

14. 成语迷宫（一）

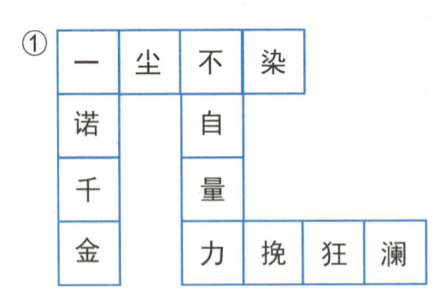

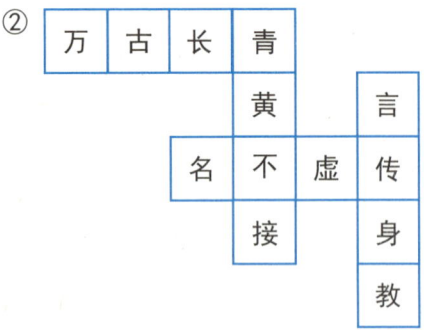

① 一尘不染 / 一诺千金 / 不自量力 / 力挽狂澜

② 万古长青 / 青黄不接 / 名不虚传 / 言传身教

15. 成语迷宫（二）

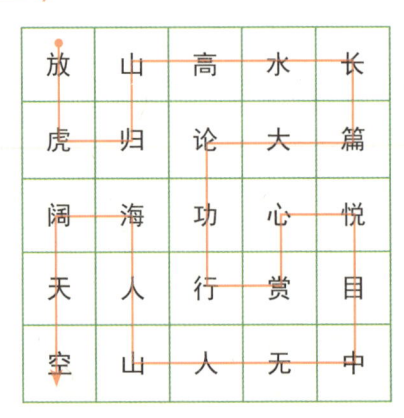

放虎归山 / 山高水长 / 高谈阔论 / 海阔天空 / 大快人心 / 长篇大论 / 赏心悦目 / 行赏 / 目中无人

16. 成语动物园

（龙）腾（虎）跃	（鹤）立（鸡）群
（龙）飞（凤）舞	（虎）头（蛇）尾
（鸦）（雀）无声	（狐）假（虎）威
（狼）吞（虎）咽	（鸡）（犬）不宁
（狐）朋（狗）友	黔（驴）技穷
井底之（蛙）	指（鹿）为（马）
（莺）歌（燕）舞	（鹦）（鹉）学舌
走（马）观花	（鸟）语花香
（蜻）（蜓）点水	飞（蛾）扑火
（马）失前蹄	（螳）（螂）捕（蝉）
门可罗（雀）	（鹏）程万里
一箭双（雕）	沉鱼落（雁）
（狼）心（狗）肺	骑（虎）难下
（虎）背（熊）腰	（兔）死（狐）悲
照（猫）画（虎）	（牛）刀小试
亡（羊）补牢	（狗）尾续（貂）
心（猿）意（马）	盲人摸（象）
瓮中捉（鳖）	攀（龙）附（凤）
抱头（鼠）窜	（鱼）（龙）混杂
涸辙之（鲋）	（蛛）丝（马）迹
噤若寒（蝉）	沐（猴）而冠
为（虎）作伥	画（蛇）添足
秣（马）厉兵	狡（兔）三窟
闻（鸡）起舞	（虎）口余生
（鸟）尽弓藏	欢呼（雀）跃
管中窥（豹）	逐（鹿）中原

如（鱼）得水　　独占（鳌）头
（虾）兵（蟹）将　车水（马）（龙）

17. 成语植物园

胸有成（竹）　　望（梅）止渴
雨后春（笋）　　独（树）一帜
（柳）暗（花）明　百步穿（杨）
鸡毛（蒜）皮　　蕙质（兰）心
（昙）（花）一现　出水（芙）（蓉）
（花）枝招展　　（萍）水相逢
煮（豆）燃萁　　（桃）红（柳）绿
沧海（桑）田　　青（梅）（竹）马
（樱）（桃）小口　负（荆）请罪
指（桑）骂（槐）（藕）断丝连
（瓜）熟蒂落　　沧海一（粟）
披（荆）斩（棘）世外（桃）源
（李）代（桃）僵　人面（桃）（花）
（豆）蔻年华　　（梅）开二度
（竹）报平安　　借（花）献佛
茂（林）修竹　　囫囵吞（枣）

18. 成语中国游

1. 四川　　2. 天津　　3. 西安　　4. 河南　　5. 济南
6. 青海　　7. 珠海　　8. 长沙　　9. 山东　　10. 海南
11. 上海　　12. 贵阳　　13. 云南　　14. 长春　　15. 吉林
16. 乐山　　17. 平遥　　18. 合肥　　19. 海口　　20. 宁波
21. 大连　　22. 黄石

参考答案

19. 成语猜猜猜

1. 有口难言　　手到病除　　一刀两断　　家破人亡　　眉来眼去
2. 你死我活　　手到擒来　　死去活来　　百废待兴　　以羊易牛
3. 因小失大　　如出一口　　如鱼得水　　古往今来　　水落石出

20. 成语正方形

此题答案不唯一。

三	人	成	虎
朝	三	暮	四
一	日	三	秋
举	一	反	三

好	大	喜	功
花	好	月	圆
拿	手	好	戏
言	归	于	好

学	富	五	车
勤	学	苦	练
鹦	鹉	学	舌
口	耳	之	学

生	机	勃	勃
老	生	常	谈
急	中	生	智
自	力	更	生

21. 成语找座位

1. 自食其果　　2. 自食其言　　3. 自食其力　　4. 布衣蔬食
5. 废寝忘食　　6. 丰衣足食　　7. 饥不择食　　8. 锦衣玉食
9. 食不甘味　　10. 因噎废食

22. 成语小秘密

缺衣少食	二一添作五
接二连三	丢三落四
七拼八凑	三长两短
七上八下	百里挑一
一五一十	横七竖八

23. 成语与诗歌

随风潜入夜。杜甫

24. 成语串串烧

1. （1）床前明月光，疑是地上霜。
   （2）举头望明月，低头思故乡。
2. （1）白日依山尽，黄河入海流。
   （2）欲穷千里目，更上一层楼。
3. 夜来风雨声，花落知多少。

25. 成语作家村

李白　　张继　　冰心　　丁玲　　高适　　老舍　　柳青

26. 成语春天美

春	春	春	春	春	春
雨	暖	色	风	华	和
如	花	满	拂	秋	景
油	开	园	面	实	明

春	春	枯	妙	阳	春	春
风	光	木	手	春	回	江
得	明	逢	回	白	大	水
意	媚	春	春	雪	地	暖

27. 动物爱成语

1. 爱屋及乌
2. 沐猴而冠
3. 睁一只眼闭一只眼
4. 井底之蛙

28. 成语对联

悲喜交加

29. 成语藏头谜

土上有竹林，土下一寸金。太阳西头下，月儿东面挂。这两个字分别是"等""明"。

30. 成语色彩馆

（绿）草如茵　　（银）装素裹
信口雌（黄）　　炉火纯（青）
（紫）气东来　　（灰）心丧气
平（白）无故　　山（青）水秀
（青）出于（蓝）　筚路（蓝）缕
唇（红）齿（白）　面（红）耳（赤）
花（红）柳（绿）　平步（青）云
（黑）（白）分明　油头（粉）面

31. 诗歌猜成语

1. 不同凡响
2. 言而无信
3. 畅所欲言
4. 左右逢源

32. 字词猜成语

1. 七拼八凑
2. 南腔北调
3. 有声有色
4. 坐立不安
5. 妙不可言
6. 拐弯抹角

第三章　故事猜成语

1. 塞翁失马
2. 秦晋之好
3. 滥竽充数
4. 梁上君子
5. 口蜜腹剑
6. 负荆请罪
7. 凿壁偷光
8. 三思而行
9. 韦编三绝
10. 卧薪尝胆
11. 目不窥园
12. 缘木求鱼
13. 倒屣相迎
14. 以貌取人
15. 嗟来之食
16. 居安思危
17. 大义灭亲
18. 夜郎自大
19. 破釜沉舟
20. 两袖清风
21. 高山流水
22. 闻鸡起舞
23. 莼羹鲈脍
24. 请君入瓮
25. 瞒天过海
26. 精忠报国
27. 半部论语
28. 圆木警枕
29. 三顾茅庐
30. 成也萧何，败也萧何

第四章　看图猜成语

1. 一清二白
2. 雪上加霜
3. 祸从口出
4. 话里有话
5. 德高望重
6. 点到为止
7. 喜怒哀乐
8. 扬眉吐气
9. 心直口快
10. 能屈能伸
11. 正中下怀
12. 里应外合
13. 非同小可
14. 天方夜谭
15. 双龙戏珠
16. 胆小如鼠
17. 落井下石
18. 僧多粥少
19. 口是心非
20. 火上浇油
21. 恩重如山
22. 势如破竹
23. 鸦雀无声
24. 鸡飞蛋打
25. 巧舌如簧
26. 漏网之鱼
27. 虎头蛇尾
28. 弱不禁风
29. 形影不离
30. 羊入虎口
31. 平分秋色
32. 归心似箭
33. 血口喷人
34. 半夜三更
35. 面黄肌瘦
36. 狼烟四起

37. 官官相护
38. 三言两语
39. 如坐针毡
40. 密不透风
41. 两肋插刀
42. 酩酊大醉
43. 呆若木鸡
44. 隔岸观火
45. 远走高飞
46. 模棱两可
47. 楚河汉界
48. 一叶障目
49. 卧薪尝胆
50. 七窍生烟
51. 缺衣少食
52. 一刀两断
53. 大步流星
54. 拔苗助长
55. 见缝插针

56. 危在旦夕
57. 将心比心
58. 独树一帜
59. 三缄其口
60. 抛砖引玉
61. 难以置信
62. 门庭若市
63. 左右开弓
64. 怒火中烧
65. 三长两短
66. 井底之蛙
67. 雕虫小技
68. 鳞次栉比
69. 天下太平
70. 是非曲直
71. 一草一木
72. 偷天换日
73. 想入非非
74. 妙笔生花

75. 如雷贯耳
76. 水滴石穿
77. 胡说八道
78. 万众一心
79. 一五一十
80. 三六九等
81. 怒发冲冠
82. 指手画脚
83. 阴阳怪气
84. 钩心斗角
85. 口口声声
86. 双管齐下
87. 四分五裂
88. 风花雪月
89. 顺藤摸瓜
90. 四通八达
91. 蛛丝马迹
92. 妙语连珠

第五章　灯谜猜成语

1. 一日千里
2. 一目十行
3. 一日三秋
4. 一言九鼎
5. 一泻千里
6. 一尘不染
7. 一字千金
8. 一文不值
9. 一刻千金
10. 一本万利
11. 一手遮天
12. 四海为家
13. 一步登天
14. 垂涎三尺
15. 千钧一发

153

16. 一毛不拔	23. 一掷千金	30. 天涯海角
17. 十全十美	24. 行云流水	31. 老生常谈
18. 一枕黄粱	25. 金玉良言	32. 一脉相承
19. 顶天立地	26. 无米之炊	33. 夫唱妇随
20. 无可救药	27. 面面俱到	34. 投其所好
21. 晴天霹雳	28. 羊肠小道	35. 见机行事
22. 度日如年	29. 不安于室	36. 不识大体